방패장군의
실패하지 않는
부동산 실전 투자
X-파일

방패장군의
실패하지 않는
부동산
실전 투자
X-파일

방패장군 박삼수 지음

한국경제신문 *i*

프롤로그

참으로 파란만장한 인생이었다. 유년 시절부터 시작된 생계형 아르바이트를 비롯해 군 복무를 마친 후 야심 차게 준비했지만 매번 실패로 끝난 두 번의 사업…. 나름의 실패 경험을 바탕으로 축적된 노하우로 자신 있게 원두커피 사업을 시작했지만 1995년 결혼을 앞두고 교통사고가 나면서 또 한 번 부도를 맞게 됐다. 당시로써는 6,500만 원이란 돈이 감당하기 벅찬 금액이었지만 빚을 내어 12인승 봉고차를 산 뒤 근로자와 학원생의 지입(자기 차량으로 운송해주는 일)을 시작했다. 새벽 6시부터 돈가스 배달을 시작해 낮에는 보험회사를 돌며 판촉물 사업을 하고 저녁에는 퇴근 근로자 지입, 밤에는 중고교 입시학원생들의 귀가 차량 운전까지 하루 20시간 가까이 일했다. 이런 노력으로 3년 만에 빚도 갚고 종잣돈 3,000만 원을 만들어 부동산 시장에 진입했다. 이것이 20년 부동산 투자 인생의 시초다.

당시에 돈을 모을 수 있었던 이유는 아무래도 쓸 시간이 없었기 때문이다. 하루 20시간 가까이 일에 파묻혀 살며 버는 수익의 50% 이상은 빚 갚고 적금 넣고 그렇게 살았다. 이때의 버릇이 지금도 남아서인지 아직도 수입의 30% 이상은 모았다가 재투자한다. 물론 씀씀이도 예전보단 많이 나아졌지만 여전히 절약한다.

남들 외제차 타고 다닐 때 나는 9년 된 SUV 윈스톰을 타고 다닌다. 아직 잔 고장 없고 임야 비포장도로도 잘 달리고 장거리 운행도 끄떡없어 5년 정도는 더 타고 다닐 수 있을 듯하다. 주변 친구들이 나보고 "그렇게 벌어서 다 뭐 하냐, 궁색하게 살지 말고 차도 좀 바꾸고 이제는 쓰고 살아라"라고 말한다. 하지만 벤츠 한 대 값인 1억 원이면 도로에 접한 임야 3만 평을 사거나 미래가치가 풍부한 국가산업단지가 있는 지역의 아파트에 월세 투자하면 대출이자를 제하고도 200만 원 정도의 수익이 나온다. 이러니 외제차를 사는 것보다 부동산 투자가 더 재밌다. 돈 있다고 사치하는 것보다 검소하지만 하고 싶은 것 다 하며 남들이 누리지 못하는 경제적 자유를 만끽하는 지금의 삶이 좋다. 마음이 여유로운 삶 그 자체를 즐기며 멋진 인생을 살고 있다고 자부한다.

사물에 크기가 있듯이 사람도 '큰 사람, 작은 사람'으로 구별된다. 어린아이는 키가 크고 체격이 좋으면 큰 사람이라고 여긴다. 어른의 눈에 큰 사람은 단순히 키가 아닌 그 사람이 품고 있는 인생의 그릇으로 판가름 된다. 다시 말해 그 사람 마음속에 담고 있는 뜻과 마음의 세계가 큰 사람을 뜻한다. 몸은 작고 연약할지라도 마음이 크면 많은 변화를 가져올 수 있다. 마음의 온도가 뜨거우면 상대방도 태울 수 있는 영향력이 있다.

열정은 뜨거운 정신이다. 별 볼 일 없던 일을 새롭게 변화시키는 힘이다. 열정이 넘치는 사람은 자신의 삶에서 즐거움을 찾아내고 언제나 젊게 살아간다. 그래서 많은 사람들이 열정적으로 살아가는 사람을 부러워한다. 열정에 따라 행동하면 쉽게 집중할 수 있을 뿐 아니라 더욱 적극적인 자세로 세상을 살아갈 수 있다. 현대미술의 거장 피카소는 불과 스물다섯 살의 나이에 다른 화가들이 평생 그릴 그림을 다 그렸다. 작품성을 인정받기 시작하면서 그림이 엄청난 가격에 팔려 나갔다. 그는 억만장자가 됐지만, 정작 돈에는 전혀 관심이 없었다. 그저 그림을 그리는 일이 즐거움이었고 더욱 심혈을 기울여 그렸다. 아흔 살의 나이로 세상을 떠날 때 그를 지킨 것은 그림 그리는 도구였다. 이처럼 성공하려면 원하는 일을 멈추지 말고 계속 해야 한다.

피카소처럼 그림에 대한 열정을 발견해 화가로서 성공한 삶도 있지만 대부분은 자신이 어떤 일에 열정이 있는지 알지 못하는 경우가 많다. 하지만 열정은 누구에게나 있다. 단지 드러날 기회를 만나지 못했을 뿐이다. 열정이 생기면 숨을 쉬듯 나도 모르는 사이에 이미 무엇인가 하고 있을 것이다. 또한, 움직이고 있을 것이고 행동하고 있을 것이다. 내 안에 잠재된 열정을 찾아 성공의 길로 들어서보자.

끝으로 이 책이 나오기까지 물심양면으로 도와준 방패장군실전투자부동산연구소 가족들을 비롯해 아내와 아이들에게 감사의 말을 전한다.

방패장군 박삼수

목차

Part 2. 초보 투자자를 위한 가이드

Part 3. 성공하는 아파트 투자 비법

Part 4. 모든 부동산 투자자를 위한 가이드

Part 5. 소자본으로 꼬박꼬박 높은 월세 받는 방법

Part 1

가난했던
어린 시절

신문배달을 하다

어린 시절, 부모님 방과 내 방의 개념조차 무의미한 남루한 옛날 집에서 가족들이 먹고 잤다. 막노동을 하셨던 아버지는 매일같이 술을 드셔서 제대로 일 나가시는 날이 얼마 되지 않았다. 이런 아버지를 대신해 어머니께서 실제 가장 역할을 하셨다. 어머니는 생계를 꾸리시느라 궂은일 마다하지 않고 주로 '깡깡이' 일을 하셨다. '깡깡이'란 조선소에 수리하러 들어온 배의 페인트와 녹슨 고철을 망치로 두드려 떼어내는 작업이다.

초등학교 3학년 어느 날, 어머니가 도시락을 챙겨가지 않으셔서

도시락을 들고 어머님을 찾아간 일이 있었다. 녹슨 고철로부터 나온 녹가루를 온몸에 뒤집어쓰신 어머니 모습은 내게 충격 그 자체였다. 이렇게 힘들게 일하시는 줄 미처 몰랐던 나는 주먹을 불끈 쥐며 울면서 뛰쳐나왔다. 고생하는 어머니를 위해 뭔가를 해야 할 것 같았다. 그 길로 국제신문 보급소를 찾아가 신문배달을 하고 싶다고 말했다.

나에게 할당된 배달 부수는 220부. 초등학교 3학년 체구로 한 번에 들기엔 너무 무거웠다. 할 수 없이 두 번으로 나눠 목에 걸고 끈으로 묶어 들고 다니며 배달했다. 학교수업이 끝난 후 매일같이 보급소로 가서 오후 3시부터 밤 8시까지 5시간을 배달했다. 이렇게 고생해서 받은 첫 월급은 고작 600원(당시 신문 1부가 20원)이었다. 이걸로 어머니 호강시켜드리기엔 턱없이 적은 금액이라고 생각돼 배달하고 남은 신문을 버스 안에 올라 손님들에게 구걸하다시피 하며 팔았다.

"저 붉은 태양 아래 피어 보려고 노력하는 이 어린 꽃 한 송이가 여러 선생님, 사모님, 형님, 누나께 간절히 부탁드립니다. (중략)"

버스 안에서 사용했던 이 멘트는 40년이 지난 지금도 생생하게 기억난다. 이렇게 애걸복걸하며 신문을 판 덕에 하루 평균 500원 이상을 벌었다. 당시 어머니 한 달 월급보다 훨씬 많은 돈이었다. 이렇게 초등학교 3학년 때부터 시작한 신문배달은 중학교 3학년 때까지 계속됐다.

야간고등학교를 가다

"우리 집 형편에 쓸데없이 뭔 학교를 간다고 난리야? 철공소에 가서 돈이나 벌어!"

어김없이 술을 거나하게 드신 아버지는 내가 고등학교에 진학하고 싶단 뜻을 비치자 노발대발하시며 철공소에 가라고 말씀하셨다. 내 맘도 몰라주고 몰아붙이는 아버지가 원망스러웠다. 중학교를 졸업한 후 고등학교에 진학하고 싶은데 학비는 고사하고 입학금마저 부담스러운 우리 집 형편에 인문계 고등학교는 사치란 걸 잘 알았다. 나라고 인문계 고등학교에 가고 싶지 않았을까. 하지만 당장 집에 돈 벌 사람이 필요했다. 갈수록 팍팍해져가는 집안 살림, 작은 체구에도 온갖 허드렛일을 마다하지 않고 일하시는 어머니의 무게를 덜어드려야 했다.

그 길로 집을 뛰쳐나왔다. 공부를 포기할 순 없었다. 그래서 선택한 '야간고등학교'. 이 단어 안에는 배우겠다는 열망이 눈물과 콧물로 배어있다. 야간고등학교에 입학한 후 낮엔 철공소에서 일했다. 철공소 보수는 그나마 제일 나았지만 워낙 혹독하게 일을 시키는 통에 몸과 마음이 지쳐갔다. 그때만 해도 맞으면서 일을 배우던 시기였다. 용접을 하고, 선반을 돌리고, 제도를 했다. 매큼한 용접 연기 냄새, 쇠를 깎는 날카로운 소리. 내가 날마다 맡아야 하는 냄새와 소리였다. 오후 5시까지 기계를 돌리고 기름을 만지다가, 손도 제대로 씻지 못하고 허겁지겁 책가방을 들고 학교에 갔다. 손톱 밑에는 늘

시커먼 기름때가 슬프게 그려져 있었다. 나의 유일한 욕심은 하루빨리 졸업해서 큰돈을 버는 게 목적이었다. 고생하시는 우리 어머니, 따뜻한 방에서 편하게 사시도록 하고 싶었다.

철공소 기숙사에서 생활하며 학업을 게을리하지 않았다. 그 결과 운 좋게 1학년 첫 시험에서 전교 1등을 했다. 덕분에 교장선생님 눈에 띄어 교장선생님의 지인 약국에서 근무하며 편한 기숙생활을 할 수 있었다. 약국업무에 금세 능통해진 나는 당시 부산 서면에서 꼬마약사로 유명세를 떨쳤다.

야간고등학교를 졸업 후 방송통신대 경영학과에 진학했다. 낮에 일을 하면서도 학업의 끈을 놓지 않은 건 가난에 무릎 꿇지 않고 악착같이 일어서던 나의 돌파구였다. 가족을 돌보느라 어쩔 수 없이 택해야 했던 야간학교. 배고픔을 다시는 겪지 않겠다는 마음 하나로 낮엔 일하고 밤엔 졸린 눈을 부릅떴다.

사업을 시작하다

군대를 다녀온 후 부산 사상구에 있는 '한영금속'이라는 주물회사에 취직했다. 쇠붙이를 녹인 쇳물을 일정한 형태의 거푸집에 부어 굳히는 주물공장은 대부분 작업환경이 열악하다. 여름에 1,500도 쇳물, 뜨거운 용광로 앞에서 일하다 보면 땀이 흐르기도 전에 말라버린다. 시뻘건 쇳물이 부글부글 끓고 있는 용광로의 열기와 작업장의 먼지가 뒤엉켜 눈과 코를 압박한다. 귀청을 때리는 소음은 대화를 불가능하게 했고 공장 바닥에는 까만 모래가 수북이 쌓여 있어 작은 바람에도 흙먼지가 자욱이 일어난다. 환기시설이 전무한 상태에서 군데군데 구멍이 나 있는 슬레이트 지붕이 통풍구 역할을 대신한다.

일한 지 3개월이 흘렀다. 강도 높은 노동보다 조직생활이 나를 더 힘들게 했다. 내 생각 따위는 무시된 채 시킨 일을 하고, 명령에 복종해야 한다. 개인의 의견은 존재하지 않은 채 조직의 방식에 길들거나 길든 척해야 했다. 매일매일 반복되는 똑같은 일, 특기나 아이디어를 살려서 도전할 수 있는 일은 전혀 없다. 나는 사사건건 작업반장과 부딪혔다. 참다 참다 현장 사람들 앞에서 공개적으로 대들고 일을 그만뒀다.

조직생활이 체질에 맞지 않은 나는 1988년 11월, 사업을 시작했다. 호기롭게 시작한 사업은 나의 의지와 다르게 실패로 돌아갔다. 결과적으로 사업이 잘 안돼 실패한 점도 있었지만 번 돈으로 사업을 더 확장하기 위해 재투자해 오히려 기존에 벌었던 돈까지 손해 보는 결과가 되는 경우가 많았다.

연이은 세 번의 사업 실패, 네 번째로 원두가루 판매 사업에 도전했다. 사무실에 커피기계를 공짜로 대여하고 원두가루를 판매하는 거였다. 즉, '공짜로 기계를 빌려줄 테니 원두가루만 사서 드시면 된다'였다. 예전에 필립스 등 커피메이커의 시중가격이 15만 원 선이었는데 이걸 공짜로 대여해주는 것이다(내가 덤핑으로 받는 가격은 개당 5만 원이었다).

원두가루는 미원(지금의 대상)에서 1kg에 6,000원에 납품받아 2만 원에 판매했다. 즉, 3~4번 정도만 원두가루를 팔면 커피메이커 가격이 회수되고 이후부터는 순이익인 것이다.

당시 원두커피를 먹는 곳이 흔치 않아 백화점에 가야만 원두가루를 살 수 있었다. 그럼에도 나는 커피메이커를 공짜로 주고 원두 값만 받으니 사무실 등에서 인기가 매우 좋았다. 판촉하러 방문하면 웬만한 사무실 모두 커피메이커를 받을 정도로 사업 확장 속도가 빨랐다. 더불어 나는 커피메이커를 계속 사들여야 했다. 처음에 제공한 커피메이커가 100개였는데 순식간에 850개로 늘면서 회사 직원이 12명이 됐다. 커피메이커 850개를 관리하면서 원두만 잘 납품하면 이제는 사는 데 지장 없겠다고 느끼던 순간이었다.

어찌 인생은 좋은 일과 나쁜 일이 같이 올까?

방송통신대 2년 후배로 들어온 정옥이와 4년의 연애 끝에 1995

년 2월 12일 상견례 자리에서 결혼날짜가 잡혔다. 그동안 사주와 궁합을 이유로 끊임없이 반대하시던 장모님을 거듭 설득해 5월 20일로 결혼날짜가 정해졌다. 3개월 후면 드디어 박삼수가 장가를 가는 것이다. 나는 곧 내 신부가 될 맞은편에 앉은 정옥이의 얼굴을 바라봤다. 하얀 피부, 기다란 속눈썹, 발그레해진 볼에 수줍은 미소를 띠고 있는 정옥이가 유난히 예뻐 보였다. 손이라도 얼른 잡아주고 싶지만 어른들 계신 자리라 짐짓 점잖게 참았다. 3개월 후가 아니라 당장 오늘이라도 결혼식을 올렸으면 좋겠다는 생각이 굴뚝같다.

교통사고를 당하다

서로의 사랑을 확인한 자리, 흔쾌히 결혼 승낙을 받고 좋은 분위기 속에 상견례를 마쳤다. 이로부터 이틀이 흐른 2월 14일, 트럭을 몰고 거래처에 납품하러 가는 길이었다.

"악…. 으악…. 꽝!"

순간에 일어난 일이다. 상대방 차가 중앙선을 침범해 그대로 내 트럭을 들이받았다. 워낙 강하게 부딪친 터라 나는 그 자리에서 의식을 잃고 말았다.

"박삼수 씨, 이제 정신이 드세요?"

누군가 나를 부르는 소리가 희미하게 들렸다. 눈을 떠 보려 했지만 온몸이 말을 듣지 않는다. 눈꺼풀이 바르르 떨리자 '어머, 정신이 드시나 봐요' 하는 소리와 함께 우왕좌왕 오가는 발걸음 소리가 들렸다.

"박삼수 씨, 박삼수 씨 정신이 드십니까?"

어렴풋이 하얀 가운이 보이는 듯했지만 이내 눈이 다시 감기며 의식이 흐려졌다. 얼마의 시간이 흘렀을까. 손가락 끝이 움직이기 시작했다.

"아이고, 삼수야. 이제 정신이 드나? 삼수야, 삼수야."

익숙한 어머니 목소리가 들렸다. 나는 있는 힘을 다해 눈을 뜨려 노력했다.

"어, 어머니…."

"아이고, 이 자슥. 이제 살았네. 하느님, 부처님 감사합니데이."

어머니는 내 손을 연신 쓸어내리시며 흐느끼셨다. 어머니 옆에 정옥이가 보였다. 병원 침대에 누워있는 내 모습이 낯설었다. 내가 왜 이곳에 있는지도 모르겠다.

"아니, 무슨 일임니꺼. 내가 왜 여기 있으예?"

"너 기억 안 나나? 교통사고 나서 병원에 실려 온 거 기억 안 나나? 꼬박 닷새 동안 의식이 없던 거 모르겠나?"

"교통사고예?"

내가 교통사고를 당했단다. 더군다나 닷새 동안 의식불명 상태였다고 한다. 어찌 된 일인지 나는 하나도 기억이 나질 않는다. 그때 의사 선생님이 들어왔다.

"선생님예, 우리 아가 아무것도 기억이 안 난다고 해요. 왜 그래요? 무슨 문제 있는교?"

"검사를 더 해봐야 알겠지만, 교통사고 충격으로 인한 단기 기억 상실증 같습니다."

"기억상실증요? 그럼 아무것도 기억을 못한다고예?"

"시간이 지나봐야 알 수 있습니다. 기억이 돌아올 수도 있고 아닐…."

말끝을 흐리는 의사 선생님 말씀에 어머니는 오열하셨다.

"아이고, 이를 어쩌면 좋노, 기억을 몬하면 어쩌면 좋노."

기억상실증은 교통사고에도 좋지 않은 영향을 미쳤다. 분명 상대방 차량이 중앙선을 침범해서 내가 사고를 당한 경우였다. 그런데 상대방은 내가 중앙선을 침범했다고 우겼다. 지금은 차량용 블랙박스가 있으니 시시비비 여지가 없지만 당시엔 꼼짝없이 당할 판이었다. 다행히 나와 같이 사고가 났던 다른 차량의 피해자가 병원에 입원해 있었다. 상대방이 중앙선을 침범해 내 차를 들이받았고 그 충격으로 내 차는 옆 차를 들이받았는데 그 운전자가 이 병원에 입원한 것이다. 옆 차 운전자는 내 차와 부딪치기 전 상대방 차가 중앙선을 침범하는 걸 보았고, 이를 진술해줘 다행히 가해자로 몰린 누명은 벗을 수 있었다. 누명은 벗었지만 내가 어디로 가려다 사고가 났는지는 기억이 나지 않았다. 그로부터 열흘 정도 흐른 후에야 어렴풋이 기억이 돌아왔다.

한순간에 사업을 날리다

교통사고 당시 나는 모기업에 가스레인지를 납품하러 가는 길이었다. 모기업에서 생일을 맞은 사원들에게 줄 가스레인지를 대량 주문한 것이다. 예전에는 기업체에서 주문을 받으면 납품지연 등의 사태를 대비해 예치금을 미리 송금해야 했다. 주문공급에 문제가 생기면 하루당 얼마씩 계산해 변상해야 하는데, 이때 발생하는 금액을 담보하기 위해 대금의 10%를 기업체에 미리 송금하는 것이다. 물론 주문공급이 잘되면 예치금은 다시 돌려받는다.

교통사고로 가스레인지는 모두 파손됐고 예치금 10%는 업체에 몰수당했다. 문제는 이 가스레인지가 빚을 내서 산 물건이었다. 납품 후 수금되면 갚기로 하고 말이다. 모기업에는 위약금을 물어줘야 하고 업체에는 가스레인지 비용도 변상해야 했다. 하지만 회사에 남아있는 현금 자본이 없었다. 원두가루를 팔아 현금이 수금되면 바로바로 커피메이커를 사들였기 때문에 현금을 비축할 여력이 없었다.

이렇게 빚이 생기자 사정을 눈치챈 직원들은 이 회사가 더는 못버티겠다고 판단했다. 내가 병원에 누워있는 사이 직원들은 외상으로 원두가루를 납품받기 시작했다. 그 전에는 내가 모두 현금거래를 했는데 말이다. 직원들은 원두회사에 "사장님이 병원에 계셔서 바로 결제해줄 수 없습니다. 퇴원하시면 결제한다고 하셨습니다" 하고 핑계를 댔다. 워낙 신용도가 좋았기에 원두회사는 나를 믿고 외상으로 납품을 해줬다. 직원들은 외상으로 납품받은 원두가루를 사무실에 제공하고 2만 원씩 수금했다.

두 달간 병원 생활을 하고 퇴원해 회사에 나와 보니 직원 12명 중 남아있는 사람은 한 사람도 없었다. 설상가상으로 거액의 원두대금이 밀려있었다. 이게 무슨 영문인지 몰라 직원을 불러 자초지종을 물었더니 월급이 안 나올 것 같아 외상으로 원두를 받아 월급 대신 수금해서 썼다고 한다. 딱히 할 말이 없어 그대로 돌려보냈다.

직원도 없으니 혼자서 850개나 되는 커피메이커를 관리해야 했다. 발에 불이 나도록 뛰어다녔지만 혼자 힘으로 감당하는 데 한계가 있었다. 또한 직원들이 원두커피를 외상으로 납품받아 써버렸기에 대금을 상환하지 않는 이상 원두를 납품받지 못했다. 결국 사업을 정리하며 850개 커피메이커를 회수하지 않은 채 그대로 날려 버렸다.

내 코가 석 잔데
무슨 염치로 결혼을 하나

"결혼하면 안 될 것 같아. 우선 빚부터 청산해야겠으니 돈을 좀 벌어야겠어."

"그게 무슨 소리예요?"

정옥이의 커다란 눈망울에서 당장이라고 눈물이 떨어질 듯했다. 불과 2개월 전 상견례를 했다는 게 믿기지 않을 정도로 많은 일이 일어났다. 병원에 누워있길 두 달, 그사이 먹고 사는 데 지장 없을 거라고 믿었던 사업을 접었으며 6,500만 원의 빚까지 쌓였다.

"한 달 후가 결혼식인데 이대로 결혼한다는 건 말이 되지 않아. 열심히 벌어서 우선 빚부터 갚고 다시 자리 잡으면 그때 결혼해야 할 것 같아."

내 말을 들은 정옥이는 아무 말이 없었다. 지금 내 처지가 당장 결혼할 수 없다는 건 누구보다 잘 알고 있으리라.

"제가 대출을 알아볼게요. 아마 제 이름으로 대출을 좀 받을 수 있을 거예요. 그 돈으로 빚 갚고 우리 새로 시작해요."

"뭐라고?"

정옥이 말을 들은 나는 놀라지 않을 수 없었다. 빚까지 짊어진 내가 부담스러울 만도 할 텐데 전혀 개의치 않다는 듯 대출을 받아준다고 했다. 당시 정옥이의 직업은 공무원이었다. 그럴 수 없다고 극구 사양했지만, 어차피 갚으면 되지 않느냐고 결혼해서 곧 부부가 될 사인데 내 돈 네 돈이 어딨냐는 당찬 얘기를 했다. 나보다 4살 연하임에도 불구하고 의지가 확고했다. 거절하길 몇 차례, 결국 정옥이 이름으로 6,500만 원을 대출받아 빚을 갚은 후 우리는 결혼을 했다.

한 달을 벌어도 대출이자 갚으면 남는 게 없다

나도 열심히 일했고 아내도 직장을 다니며 돈을 벌었지만 대출이자가 벅찼다. 당시 대출이율은 연 18%로 이자만 해도 한 달에 100만 원이었다. 원리금 균등상환이다 보니 한 달에 갚아나가야 할 돈이 200만 원 이상이어서 버는 대로 은행에 갖다 주기 바빴다. 당시 직장인 한 달 월급이 100만 원 내외인 걸 감안하면 대출이자는 매우 큰 부담이었다.

이대로는 안 되겠다 싶어 일을 늘리기로 했다. 12인승 봉고차를 사서 지입을 시작했다. '지입'이란 본인이 차를 구입해 수송대행을 해주는 것으로 대부분 학원, 배달업체 등에서 많이 활용된다. 오전 6~10시까지 마트와 백화점 등에 수제돈가스 배달을 시작했다. 낮에는 무슨 일을 할까 고민하던 중 지인이 판촉물 홍보대행을 하면 어떻겠냐고 제안했다. 당시 보험가입자에게 판촉물 겸 선물을 제공했던 보험회사를 상대로 판촉물 영업을 하는 것이다. 품목은 '뻐꾸기시계'였다. 정시가 되면 뻐꾸기가 나와 '뻐꾹' 울고 다시 들어가는 벽시계 말이다. 한 개에 3만 원에 납품받아 보험회사에 3만 5,000원에 제공하는 것으로 결제 회전일이 45일이었다. 즉, 납품해도 대금은 45일 후에 들어오는 구조다.

뻐꾸기시계 살 자금이 없다

뻐꾸기시계를 사려면 초기자본이 필요한데 돈이 없던 나는 어디서 돈을 구할지 막막했다. 그러던 어느 날, 예전 원두가루를 납품받았던 회사에 우연히 들리게 됐다. 직원들이 외상으로 당겨 쓴 대금을 대출받아서 한 번에 결제해 신용이 좋은 사이였다.

"커피사업 그만두고 요즘 뭐 하고 지내십니까? 안 그래도 우리 일손이 부족한데 여기서 일하면 어때요?"

"말씀은 고맙지만 사장님도 아시다시피 제가 남 밑에서 일하는 성격이 못됩니다."

같이 일하자는 사장님 말에 내가 손사래를 치자 아쉬운 표정이 얼굴에 묻어났다. 이런저런 얘길 나누다 우연히 뻐꾸기시계 얘기가 나왔다.

"그나저나 요즘 좋은 사업 아이템이 있는데 돈이 없어 고민하고 있습니다."

"무슨 사업인데요?"

"보험회사에 판촉물 뻐꾸기시계를 납품하는 건데 개당 5,000원의 수익이 남습니다. 그런데 문제는 대금 회전이 45일이라 초기에 뻐꾸기 물량을 구할 자금이 없습니다."

"그래요? 그럼 내가 1,000만 원을 빌려줄게요."

"네?"

"대신 월 2부 이자는 꼬박꼬박 잘 갚아야 해요."

선뜻 1,000만 원을 빌려주겠다는 사장님께 고맙다는 인사를 거듭했다.

2시간 쪽잠을 자며 몸이 부서지라 일하다

원두 사장님께서 돈을 빌려주신다고 하자 힘이 생겼다. 우선 3만 원을 주고 뻐꾸기시계 한 개를 사들인 후 교보생명 사무소를 찾아갔다. 소장님을 만나 판촉물을 설명하자 그 자리에서 300개를 주문하셨다. 앉은 자리에서 150만 원을 번 것이다. 당시 내 나이 31살, 웬만한 직장인 월급이 100만 원인걸 감안하면 30분 만에 번 150만 원은 꽤 큰돈이었다. 300개의 뻐꾸기시계는 원두 사장님께 빌린 1,000만 원으로 사면 된다.

당시 부산에 15개의 교보생명 지점이 있었다. 한 지점에서 300개를 팔았으니 15개 지점이면 4,500개로 2,300만 원 가까운 돈을 벌게 된다. 욕심이 났지만 돈에 한계가 있었다. 납품한 뒤 45일 후에 결제받기 때문에 대금이 회수돼야 다시 뻐꾸기시계를 살 수 있으니 말이다.

일을 더 해서 뻐꾸기시계 살 자금을 모으기로 했다. 밤 6~8시까지 부산 용호동 가구공장에서 퇴근하는 근로자들을 실어 날랐다. 밤 8시~새벽 2시까지는 중·고등부 학원에서 학생 운송하는 일을 했다. 일명 '탕발이'라 불리는 이 일은 한 건당 한 달 기준 30만 원을 받았다. 나는 돈을 모아야 했기에 '중1, 중3, 고1, 고3' 이렇게 하루에 4차례 학생들을 집까지 데려다주고 한 달에 120만 원을 받았다.

이른 아침부터 시작되는 돈가스 납품 배달, 일과시간에는 뻐꾸기 시계를 비롯한 보험회사 홍보용 사은품 판촉영업, 저녁에는 퇴근 근로자 운송, 새벽까지 4차례 학생 운송 등 가리지 않고 일했다. 뒤돌아볼 겨를도 없이 앞만 보고 꼬박 2년을 일했다. 새벽 3시에 잠들어 아침 6시 전에 일어나야 하는 일상. 매일 2~3시간 쪽잠을 자며 악착같이 산 시간이었다. 몸이 부서지도록 온종일 일하고 돌아오는 늦은 새벽의 피곤함, 몸을 지탱하지 못할 정도로 육신에서 힘이 빠져나갈 때도 많았지만 내일을 향한 희망으로 버틴 세월이었다. 어찌 보면 이 날의 고생이 지금의 나를 있게 만든 바탕이 됐다. 6,500만 원의 빚을 2년 만에 모두 갚고 종잣돈 1억 원까지 만들었기 때문이다.

종잣돈을 기반 삼아 사업은 사업대로 확정해가며 급기야 판촉물 도매업에 중국무역까지 했다. 이렇게 벌은 수익금의 50%는 부동산에 투자했다. 수익금을 온전히 사업에 재투자하지 않고 부동산에 투자한 이유는 앞서 실패한 4번의 사업경험에서 얻은 뼈저린 교훈이었다. 부동산에 투자해서 만일의 사태에 대비하고자 한 것이 지금의 수십억 원의 부동산 자산과 2,000만 원 이상의 월세로 성장해 부동산 투자에 나름 성공했다. 지금도 전업투자자로서 끊임없이 투자하고 있으며, 나처럼 부동산으로 성공 투자를 꿈꾸는 후배들을 위해 실패 없이 안전하게 투자할 수 있는 방향을 알려주는 부동산 연구소를 운영하고 있다.

3년 전, 영화 〈국제시장〉의 주인공 덕수를 보며 지난날의 아련한 시간이 다시 떠올랐다. 물론 내가 일한 시대와 영화 속 배경은 달랐지만 '부산 사나이'라는 공통점과 힘겨운 가장 인생을 사는 모습이 그대로 투영됐다. 영화 속 덕수는 6.25 흥남철수, 서독 광부파송, 월남파병 등을 거치며 오로지 가장의 인생을 산다. 그리고 다 이뤘다고 생각한 노년의 어느 날, 덕수는 가족들이 한쪽에 모여 왁자지껄 즐겁게 놀 때 다른 방으로 혼자 들어가 독백한다.

"아버지, 내 약속 잘 지켰지예. 이만하면 내 잘 살았지예, 근데 내 진짜 힘들었거든예."

그 어려운 시절의 내 마음을 대변해주는 듯한 이 대사는 심금을 울렸다.

위암 3기를 극복하다

'띠링'

햇볕이 화창한 2015년 어느 날, 휴대폰에 문자가 왔다. 만기가 됐으니 보험금을 환급받으란 문자였다. 당시 내가 가입돼있던 암보험이 20년 만기 환급형이었는데 어느새 20년이 흘렀나 보다. 세월이 참 빠름을 다시 한번 느꼈다.

암보험이 끝났으니 이참에 건강검진을 받아야겠다는 생각이 들었다. 실제 나는 매년 건강검진을 받았는데 그해는 아직 검진 시기가 몇 달 남았음에도 암보험이 만기된 겸 건강보험을 받아보자는 마음이 들었다.

건강검진을 받으러 늘 가던 병원으로 향했다. 사실 그동안 위 검사를 조영술로 했다. 조영술이란 약물을 먹은 후 위벽을 X-ray로 찍는 방법으로 위 속에 직접 내시경을 넣는 시술보다 간단하다. 위 내시경을 꺼렸던 이유는 뭔가 기계가 내 몸에 들어왔다가 가는 점이 싫었기 때문이다. 그렇게 몇 년 동안 조영술을 했는데 이번에는 왠지 위내시경이 해보고 싶었다.

위내시경으로 접수하려 하자 예약자가 밀려있어 당일 검진은 힘들고 3일 후에 검진이 가능하다는 안내를 받았다. 이왕 온 김에 위내시경을 해보려 했는데 3일 후에 오라니…. 느긋하게 기다릴 수 없었던 나는 조영술로 해달라고 했다. 조영술을 접수하고 해당 검진센터로 가서 내 차례를 기다렸다.

"박삼수 님."

나를 부르는 소리에 데스크로 다가갔다. 내 차트를 보던 간호사가 물었다.

"박 선생님, 지난 10년 동안 조영술만 하셨는데 이번에는 위내시경을 해보면 어떠세요?"

"나도 위내시경을 하고 싶었는데 예약자가 밀려 3일 후에 가능하다고 해서 조영술을 신청했어요."

"아, 그러세요? 마침 위내시경 자리가 한 자리 비었어요. 지금 해보면 좋을 것 같아요."

마침 자리가 비었다는 말에 얼떨결에 위내시경을 받았다. 수면마취 주사바늘이 들어간다고 느끼는 순간 스르르 눈이 감겼다.

얼마나 지났을까…. 눈을 떠보니 병원 천장이 보였다. '아, 맞다. 내시경 검사를 했지' 한숨 잘 자고 일어난 까닭에 순간 병원인 것도 잊을 뻔했다. 주섬주섬 자리에서 일어나는데 나를 본 간호사가 얼른 의사 선생님께 가보라고 한다.

두 달만 늦었어도 큰일 날 뻔했다

"흠…. 박삼수 님, 하늘이 도왔습니다."

내시경 사진을 보던 의사 선생님이 심각한 표정으로 건넨 첫 마디다. 덜컥 겁이 났다. 결과가 어떻기에…. 게다가 하늘이 도왔다는 뜻은 뭔가?

"진행형 위암입니다. 현재 상태는 3기 직전으로 위암 세포가 다행히 위벽을 뚫고 나오진 않았습니다. 만약 두 달만 늦었더라도 위벽을 뚫고 나와 전이가 됐을 겁니다. 정말 운이 좋은 케이스입니다. 서둘러 수술 날짜 잡으시죠."

가벼운 마음으로 건강검진 왔는데 위암 3기라니…. 그동안 아무 이상 없었고, 불편한 점도 없었는데…. 갑자기 망치로 맞은 것처럼 머릿속이 혼란스러웠다. 그 자리에서 수술 날짜가 잡혔다.

수술 들어가기 하루 전날, 마음이 스산해졌다. 20여 년 동안 부동산 투자에 몰두하며 그동안 수없이 벌어보기도 잃어보기도 하며 노하우를 축적했다. 이제는 정말 잃지 않을 투자만 할 자신이 있는데 죽으려니 아깝단 생각이 들었다. 두 손이 모아졌다. 종교는 없지만 하느님, 부처님 모든 신께 빌었다.

'살고 싶습니다. 꼭 살고 싶습니다. 저를 살려주시면 제가 가진 이 지식을 많은 사람에게 이롭게 전파하겠습니다.'

지난날의 회한이 몰려왔다. 누구에게도 폐 끼치지 않고 앞만 보고 열심히 달려온 나 자신이 안쓰럽고 아까웠다. 마음속에 한줄기 눈물이 흘렀다.

수술이 끝났다. 하늘이 내 소원을 들어주셨는지 다행히 경과가 좋아 일주일 만에 퇴원할 수 있었다. 수술받은 지 2년이 지난 지금, 정기적으로 병원에 다니고 있다. 다행히 갈 때마다 전이도 없고 경과도 좋다는 소견에 마음이 가볍다.

잃지 않는 부동산 투자

　나는 틈만 나면 이런 좋은 부동산 노하우를 전하려고 노력하고 있다. 내가 사는 곳 부산뿐만 아니라 전국적으로 어디든 달려가 그분들께 아낌없이 노하우를 제공한다. 수술 전날 신과 약속한 대로 말이다. 나의 경험과 지식은 누구에게 배운 것이 아니다. 그동안 기획부동산에서 말도 안 되는 가격으로 땅 사기를 당해 본 적이 있다. 하물며 친형제에게 땅 사기를 당한 적도 있다. 경매 낙찰받은 물건이 상대방의 무리한 요구로 명도 협의가 잘 안 되자 집 안의 인테리어가 죄다 부서져 있는 꼴도 당해봤다. 설상가상 변기와 하수구에 몹쓸 짓을 해둬서 배관을 죄다 갈아본 적도 있다. 이렇듯 20년 동안 현장에서 직접 부딪치며 스스로 터득한 경험이기에 살아있는 정보와 지식이다. 내게 부동산을 배우는 그 누구도 잃지 않는 투자, 즐기는 투자, 안전한 투자를 할 수 있도록 인도할 자신이 있다.

초보 투자자를 위한
가
이
드

부동산 투자,
어디서부터 시작해야 하나?

부동산 투자에 관심을 두기 시작한 초보 투자자들은 어디서부터 시작해야 할지 난감해한다. 종류가 많고 접근 방식도 다양하기 때문이다. 하지만 그 중심엔 기본적으로 부동산 시장에 대한 이해가 부족해서 두려운 게 사실이다. 일반적인 부동산 투자의 첫걸음은 '내 집 마련'이다. 내 집 마련은 대출 조건과 금리, 주변 아파트 가격 등을 자연스럽게 알 수 있는 의미 있는 공부 기회다. 내 집 마련은 부동산 시장의 기본적인 흐름과 정보를 파악하는 계기가 되기 때문이다.

우리나라 전체 가구의 45%가량이 전세나 월세 등 임차 형태로 거주하고 있다. 많은 국민이 거주 형태를 전세로 선택하는 건 집값 하락이 우려되거나 주택 구매자금이 부족하기 때문일 것이다. 아파트 매매를 미루다가 막상 구입하려니 너무 가격이 뛰어버려 아예 구입을 포기하는 경우도 있다.

매매와 임차를 막론하고 '집'이라는 재화는 거주를 위해서 꼭 필요하다. 전세를 선택한 임차인은 집값이 오른다면 오른 가격에 대한 기회비용이나 전세금 상승에 따른 부담은 임차인의 몫이다. '그때 전세를 들어오지 말고 집을 사야 했는데…' 하는 뒤늦은 아쉬움만 남을 뿐이다.

반면 집값이 하락할 땐 시장에서 주택을 매수하겠다는 수요는 일시에 눈 녹듯이 사라진다. 호가만 있을 뿐 실거래 자체가 형성되지 않는 것이다. 매매가는 하락하지만 임차인은 임대인에게 맡겨 놓은 보증금을 그대로 받을 수 있다는 장점이 있다. 단, 전세가가 매매가에 육박할 정도로 지나치게 높으면 매매가 하락에 의한 깡통전세를 주의해야 한다.

내 집 마련을 한 경우 입장이 다르다. 부동산 경기 상승으로 집값이 오른다면 자신의 집값 상승도 기대할 가능성이 있다. 전세와 달리 추가적인 부담 없이 인근 지역으로 집을 옮길 기회도 생길 수 있다. 최소한 비용 문제로 집을 옮겨야 하는 부담은 없어진다. 물론 집값이 오른다고 해서 당장 수익을 챙길 수 있는 것은 아니다. 집을 처분해야만 한다는 단서가 붙는다. 집이 한 채일 경우 당장 살 곳이 필요한 만큼 처분하기란 어렵다. 그 때문에 내 집 한 채는 '물가 방어용'이라고 할 수 있다. 한 채만으론 수익을 찾을 수 없다. 만약 집값이 하락한다면 고스란히 손해를 감수해야 한다. 물론 다시 오를 때까지 버틴다면 손해를 회복할 수도 있다. 실거주인 만큼 기다릴 여지는 많을 것이다.

집은 반드시 사야 할 재화는 아닐 수 있다. 하지만 주변 상황 변화에 대응하고, 새로운 투자 기회를 얻을 수 있는 가장 안정적인 투자 방법인 만큼 내 집 마련은 필요하다. 단, 부동산 시장을 분석해서 매수시기를 조절해야 하는 지혜는 필요하다.

왜 내가 산 집은 떨어지기만 할까?

자신만의 투자 원칙이 없는 초보 투자자는 주변에서 집값이 들썩이면 불안한 마음부터 들기 시작했다. '이러다 영영 집을 못 사는 거 아니야?'라는 조바심에 무리한 대출을 받고 어디가 오른다더라 하는 소문을 따라 집을 매매한다. 그러나 이때부터 정부는 부동산 시장이 불안하다며 각종 규제로 옥죄이기 시작하고 천정부지로 오를 것 같던 집값은 하락세로 반전한다. 무리한 대출을 받고 산 집이다 보니 집값이 떨어질수록 점점 얼굴에 살이 빠진다. '대출이자를 갚아야 하는데…. 원금은 언제 갚나… 집은 팔리지도 않고…' 점점 깊어지는 고민에 결국 버티지 못한 초보 투자자가 큰 손해를 감수하며 매물을 내놓으면 고수 투자가가 얼른 매물을 사간다.

급매물을 매입한 고수 투자자는 집값이 다소 떨어져도 느긋하다. 부동산 시장이 한없이 횡보기를 걸으며 서민들이 아우성치자 정부가 서서히 규제를 풀어주고 집값은 다시금 움직이기 시작한다. 그동안 멈춰있던 주변 개발 호재도 빛을 발한다. 이 모습을 보고 있노라니 초보 투자자는 배가 아프다. '저기 오른 곳이 원래는 내가 살던 곳이야'라고 한탄만 할 뿐이다.

전세와 매매는 다른 시각으로

경기가 좋다 한들 처음 마련한 집값이 다른 집에 비해 오르지 않거나 떨어지는 이유는 왜일까? 가장 큰 원인은 전세를 고르듯이 집을 고르기 때문이다. 그 집에 들어가 산다는 점에서 보면 전셋집을 고르는 것이나 집을 사는 것이나 다른 것이 없어 보인다. 이 때문에 집을 사지 않고 전세만 살아본 사람이라도 좋은 집을 고를 수 있다고 착각하는 것이다.

하지만 전세를 고르는 것과 내 집 마련을 하는 것은 전혀 다른 얘기다. 전세는 아무런 투자 가치가 없는 곳이라도 계약 기간이 끝나면 임대인이 원금을 돌려주기 때문에 큰 고민 없이 본인이 편한

데로 전셋집을 선택하면 된다. 본인의 직장이 가까운 곳이든지, 본인의 친인척이 살고 있는 근처라든지 살기 편한 아파트를 구하면 된다. 같은 단지 내에서도 이런 현상은 발생한다. 1층의 매매가는 로열층보다 평균적으로 15% 정도 싸야 거래가 된다. 하지만 전세값은 평균적으로 5% 정도밖에 차이가 나지 않는다. 왜 그럴까?

전세도 1층은 비선호 층이다. 하지만 중간층은 매매나 월세 물건밖에 없고 전세물건이 1층만 나와 있다면 1층을 계약하기 때문이다. 그 집에서 2년만 살다가 다른 층에 전세가 나오면 이사 가면 된다. 하지만 그 집을 사게 되면 2년 후에 누가 그 집을 사준다는 보장이 없기에 신중하게 선택할 수밖에 없다.

이렇듯 집을 살 때는 전세를 고르는 것과 차이가 크다. 자신이 산 가격보다 그 누군가가 더 비싼 가격에 자기 집을 사줘야 집값이 오르는 것이다. 자신의 직장은 가깝지만 대부분 사람들의 직장이 멀면 자기 집은 팔리지 않는 것이다. 또한 자신의 친인척 가까이 산다고 남이 그 집을 사주는 것도 아니다.

초보 투자자들의 흔한 실수 10가지

1. 원칙이 없다

초보자들은 대부분 본인만의 투자 원칙보다 부동산으로 돈 벌었다는 사람의 투자 형태를 따라 하는 경향이 많다. 하지만 초보자들은 자신에게 맞는 투자 원칙을 세워 리스크를 최대한 줄이는 법부터 터득해야 한다.

2. 투자 목적이 불명확하다

자신이 투자하는 부동산이 시세차익용인지, 장기개발용인지, 임대용인지 등을 구분하지 못하고 그냥 투자하는 경우가 많다. 투자에 대한 목적 없이 그저 남들이 좋다는 말에 투자하는 사람이다. 이럴 경우 나중에 기회가 왔을 때 기준이 없어 매도시기를 놓치는 경우가 발생하기에 정확한 투자 목표를 정하는 게 좋다.

3. 남의 말에 잘 현혹된다

대부분 부동산과 주식에 투자하는 사람들은 실패 경험보다는 성공한 경험을 과장되게 부풀려 말하는 경향이 있다. 이런 경우 초보자들은 자신과 상황이 다른데도 불구하고 자신도 성공할 것이라고 믿고 투자하는 경우가 많다.

4. 자신감이 결여돼 있다

초보자들은 대부분 아파트 종목을 좋아한다. 이는 인터넷과 중개사무소를 통해 상승과 하락을 바로 알 수 있다. 초보자들은 아파트를 매입한 후 가격이 떨어지면 괜히 잘못 산 것 같고, 매도 후에 가격이 오르면 좀 더 기다리지 못한 걸 후회한다. 투자에 대한 확신, 즉 자신감이 없기에 자신의 예측과 상황이 조금만 달라져도 불안해한다.

5. 경험이 부족해 결단력이 없다

어떤 부동산을 매입하고자 할 때, 자신이 원하는 지역과 평수가 결정되면 과감히 매입을 결정해야 함에도 또다시 다른 곳을 찾아 헤매는 경우가 많다. 이런 경우 여기저기서 한참이나 여러 의견을 듣고 원상태로 돌아와 투자를 결정하겠지만 이미 좋은 부동산은 남의 손에 가 있다. 내 눈에 좋은 것은 남들 눈에도 좋은 법, 뒤늦게 후회하지만 반성은 없다.

6. 자기 책임을 모른다

부동산을 배우다 보면 주변 사람들의 질문을 받는 경우가 있다. 이때 질문에 바로 답을 주거나 투자 권유를 하면 큰일 날 수 있다. 상황과 환경에 따라 수없이 변하는 게 부동산이다. 아무리 좋은 부동산이라 해도 적절한 당사자를 만나야 매매가 이뤄지므로 섣부른

자문은 낭패일 수 있다. 벼는 익을수록 고개를 숙이는 법, 빈 깡통이 요란하지 않도록 주의하자.

7. 현장학습과 교육이 부족하다

초보 투자자들은 현장은 뒷전이고 머리로만 투자하려는 경우가 많다. 이런 사람들은 이론적 지식만 넘쳐난다. 중개사무소 소장님들 또한 마찬가지다. 늘 부동산 거래를 하니 완벽하게 알 것 같지만 실상은 그렇지 못한 경우가 많다. 단순 이론은 많이 알지만 현장학습의 부족으로 상권의 흐름을 읽지 못하는 경우다. 따라서 소장님 말이라고 무조건 믿을 게 아닌 스스로 현장학습에 최선을 다하는 게 좋다.

나는 투자하고자 하는 지역이 생기면 밀착취재 형식으로 그 지역의 특징을 어느 정도 알 때까지 살아본다. 며칠이 소요되더라도 상관없다. 직접 생활하며 겪어보고 확신이 들 때 투자한다.

8. 정책을 무시한다.

대한민국에서 부동산 수익률은 정책과 싸움이라고 해도 과언이 아니다. 정책은 부동산에 불을 지피기도, 찬물을 끼얹기도 하는 막강한 힘을 가지고 있다. 부동산 고수들은 항상 정책을 염두에 두고 부동산에 접근하는 데 초보들은 정책 따위(?)는 무시하는 경향이 있다.

9. 투자 시점을 중요시하자

초보 투자자들은 분위기에 따라 투자하는 경향이 높아 2~3년 앞을 보려고 하지 않는 경우가 많다. 따라서 투자하는 시점에 인기가 좋은 종목에만 투자하려 하고 인기 없는 종목에는 관심이 없다. 그러나 이런 경향은 막상 매도할 타이밍에 인기가 사라진 경우가 많다. 부동산 투자란 투자 시점보다 이익창출 시점을 보고 투자해야 한다.

10. 모의 투자로 실전을 쌓자

가보지 않은 길은 두려운 법, 초보 투자자들은 경험이 부족해 투자하는 데 주저하기 쉽다. 이를 극복하기 위해서는 현장학습을 기초로 직접 가봤던 곳에 모의 투자가 상당한 경험을 준다. 특히 이런 경험이 쌓이면 과거 가격변화 추이까지 알 수 있기에 후에 직접 투자를 하는 데 상당한 도움을 준다. 특히 종잣돈이 부족한 경우 위험에 따른 부담을 줄이기 위해 모의 투자를 자주 해보는 게 좋다.

운이 아닌 실력을 키워라

음식점을 예를 들어보자. 분명히 같은 종류의 음식을 파는데, 어느 집은 문전성시를 이루고 어느 집은 파리만 날리고 있다. 왜 그럴까? 음식점 위치가 좋고 주차장이 넓으면서 주인장이 인사성 밝고 친절해서 대박 음식점일까? 주인장이 음식을 할 줄 모르는데 실력 있는 주방장을 모셔 와서 대박 음식점일까? 그렇지 않다. 문전성시를 이루는 유명 맛집을 보면 다들 주인장의 '비법'이 있다. 흉내는 낼 수 있지만 그 맛을 따라올 수 없는 실력 차이란 말이다.

부동산도 마찬가지다. 똑같은 부동산을 접했는데 어떤 사람은 수익을 내고 어떤 사람은 손해를 본다. 바로 실력 차이 때문이다. 부동산은 막연히 운만 믿고 덤빌 일이 아니다. 따라서 본인의 실력을 키우는 게 급선무다. 매사에 적당히는 없다. 본인과의 타협은 곧 평범함으로 내려가고 만다.

부동산 투자에 실패하는 사람들은 대부분 평소 국내외 경제 흐름이나 부동산 움직임에 대한 관심과 정보가 부족하다. 부동산 움직임을 읽는 능력이 부족하다 보니 뒷북 투자로 상투(가장 높은 시점)에 사들이게 된다. 자신이 왜 투자에 실패했는지도 모른 채 투자금을 까먹는다. 운 좋게 수익률이 높은 경우가 있을 수도 있지만 이에 용기(?)가 팽배한 초보자는 무리한 투자를 서두르다 수익금을 몽땅 날려버리기도 한다. 이처럼 운을 믿고 부동산에 투자하면 도박에 버금

가는 위험천만한 일이지만, 운이 아닌 실력으로 성공한다면 매달 받는 월세가 2~3배 늘어나는 것은 몇 년이 걸리지 않는다.

초보 투자자를 위한 부동산 성공 법칙

1. 매일매일 뉴스를 읽어라
뉴스는 모든 정보의 집합체다. 감나무를 쳐다봐야 감을 딸 수 있듯, 부동산 투자에 성공하려면 부동산 뉴스를 예의주시해야 한다.

2. '시' 지역은 가급적 하지 마라(예외 있음)
같은 호재라도 '시' 지역은 실현되기까지 시일이 오래 걸리는 경우가 많다. 수도권, 6대 광역시, 전국 8곳의 국가산업단지 위주로 투자하라.

3. 랜드마크를 선점하라
사람은 중앙으로 모이려는 본능이 있다. 따라서 그 지역의 랜드마크로 가라. 그 지역의 랜드마크는 가장 늦게 가격이 하락하고 가장 빨리 가격을 회복한다.

4. 멘토를 만나라
혼자 가면 외롭고 길을 잃기 쉽다. 나침반이 돼줄 멘토를 만나 끊임없이 용기와 의욕을 함양해보자.

매일매일 뉴스를 읽어라

나는 하루에 올라오는 부동산 뉴스를 매일 다 읽는다. 하루에 올라오는 뉴스가 많다고 생각하고 지나쳐 버리는 사람들이 많다. 하지만 이는 우를 범하는 행동이다. 부동산 초보에게 뉴스는 질보다는 양이다. 많이 보다 보면 자연스럽게 자신만의 뉴스 보는 법이 생기고 자신이 잘할 수 있는 분야를 찾게 된다. 전업 투자자가 아닌 분들은 매일 아침 올라오는 뉴스를 정독하기란 바쁜 일상에서 힘들 테지만 스쳐 지나가듯 속독으로라도 읽어보고 가면 좋다. 올라오는 소식이나 정보는 매일매일 수없이 많지만 정작 본인의 투자 포트폴리오에 알맞은 소식은 몇 가지 되지 않을 것이다.

나는 '방패장군의실전투자부동산연구소'란 밴드를 운영하고 있다. 현재 회원은 350여 명으로 모두 가족 같은 끈끈한 우애를 자랑한다. 나는 많은 회원 수를 원하지 않는다. 한때 밴드에 1,000여 명이 넘는 회원들이 있었지만 깨끗이 정리했다. 속 빈 강정처럼 뜨내기 회원들만 많은 밴드는 지양하며 진정 오롯이 몰두하고 연구하는 진성 회원들의 모임을 원한다. 따라서 단순히 밴드에 놀러 오는 사람은 반기지 않는다. 매일 뉴스를 보라는 내 철학을 회원들은 잘 실천하고 있다. 회원들은 좋은 정보를 보면 매일매일 밴드에 올려 다른 회원들과 공유한다. 나는 최소한 이 글이라도 열심히 읽으라고 주장한다. 그 많은 정보에서 자신에게 맞는 정보들을 발췌하는 실력을 키우려면 회원들이 매일같이 정보를 공유해줄 때가 최적기이기 때문이다.

신문기사 모두를 꼼꼼히 읽을 필요는 없다. 지금은 체크할 수 있는 방법을 모르니 처음에는 무조건 많이 읽는다는 생각으로 정보를 접하다 보면 자기만의 뉴스 보는 안목이 생긴다. 많이 봐야 옥석을 가릴 수 있다. 많이 보다 보면 자신만의 뉴스 보는 방법이 생기고 자신이 잘 할 수 있는 분야를 찾게 된다.

정보 순서

1. 개발계획(전철이 신설되면 노선 주변)
2. 정부정책(부동산을 규제하는지, 완화하는지)
3. 금융정책
4. 산업동향

자투리 시간을 챙기자

"시간을 낭비하는 일은 인생 최대의 실수다" 빌 게이츠의 말이다. 시간 관리가 엄격하기로 유명한 그는 과거 우리나라를 방문했을 때 분 단위로 스케줄을 짜서 다니는 모습을 보여 주위 사람들을 놀

라게 했다.

누구에게나 하루 24시간이 동일하게 주어진다. 이 시간 동안 수많은 일을 처리하는 사람이 있는 반면 어느 것 하나 제대로 처리하지 못한 채 시간이 없다는 변명만 늘어놓는 사람도 있다. 이 둘은 왜 차이가 날까? 바로 시간 관리를 제대로 하지 못했기 때문이다.

성공한 사람들은 자투리 시간을 효율적으로 활용했다는 보고가 있다. '자투리'란 팔거나 쓰다가 남은 천 조각을 말한다. 이것은 뭔가를 만들기에는 적당하지 않은 작은 조각들이기 때문에 대부분 버려진다. 시간도 마찬가진데, 이런저런 중요한 일들 사이사이에 끼어 있어서 대부분 버려지는 시간을 자투리 시간이라고 한다.

'바쁘다, 바빠'라는 말을 연발하면서도 하루를 정산해보면 해놓은 게 별로 없다는 생각이 들지 않은가? 만약 그렇다면 자투리 시간을 어떻게 처리하는지 먼저 확인해야 한다. 의외로 많은 사람들이 자투리 시간을 생각조차 하지 못하고 흘려보내고 있다. 자투리 시간을 효율적으로 사용하기를 원한다면 우선 아침에 눈을 떠서 잠들 때까지의 일과를 검토해보자. 그리고 그중에서 생산적으로 쓸 수 없다고 생각해서 무시했던 자투리 시간을 찾아보자. 이 자투리 시간에 뉴스 몇 페이지라도 읽는 습관이 누적되면 인생이 달라질 수도 있다.

- 출·퇴근 대중교통에서 보내는 시간
- 동료들과 잡담하거나 중요하지 않은 일로 통화하는 시간
- 식당이나 은행 또는 병원에서 기다리는 시간
- 점심 후 업무 시작 전 시간
- 세면이나 목욕을 할 때, 또는 화장실에서 보내는 시간
- 아침에 일어나서 뒤척거리는 시간

행동의 45%는 습관에서 나온다

'습관'이란 자주 행동을 반복한 결과로 무의식적으로 행동하게 되는 성향을 말한다. 연구보고서에 의하면 우리 행동의 약 45%가 습관으로부터 나온다고 한다.

습관에서 '습(習, 익힐 습)'은 태어나서 날지 못하는 새가 여러 날 동안 날개(羽)를 퍼덕여 나는 법을 익힌다는 뜻이다. 갓 태어나 털에 물기도 채 마르지 않은 새끼 새는 엄마 새를 따라 백번은 연습해야 겨우 날기를 시작할 수 있다. 여기에 스스로(自→白) 여러 번 반복해서 익혀야 한다는 뜻도 더해진다. 그만큼 반복해서 체화시켜야 한다는 것이 '습'이다.

'관(慣, 익숙할 관)'은 엽전을 꿰듯 마음을 꿴다는 뜻이다. 한마디

로 수백 번 익히고 마음에 새겨 자신의 천성으로 만드는 과정이 습관이다.

그렇다면 왜 '습관'이란 행동이 생길까? 바로 '뇌' 때문이다. 뇌는 반복되는 행동 패턴을 기억해 회로를 만든다. 뇌는 습관회로를 통해 활동을 최소화하고 남는 에너지로 창조적인 일을 한다. 습관회로를 만드는 곳은 기저핵이다. 행동을 반복하다 회로에 걸려들면 습관이 돼 벗어나기 어렵다. 의식적 행동에는 대뇌피질의 전전두엽, 변연계의 기저핵, 뇌간의 중뇌가 동시에 활동한다. 낯선 경험을 학습하고 의미를 부여하는 것이다. 무의식적 행동이 되면 기저핵과 중뇌만 활동해 생각과 판단 없이 자동으로 행동하게 된다. 또한 중뇌는 도파민을 분비해 쾌감을 일으켜 습관이 자리 잡도록 한다.

습관으로 자리 잡고 나면 우리의 뇌는 큰 힘을 쓰지 않고 그 습관을 행한다. 그게 나쁜 습관이든 좋은 습관이든 상관없이 말이다. 이것이 우리가 생각하지 않았지만 나도 모르게 반복적으로 하는 행동이다. 생각을 하고 하는 것이 아니고 그냥 진짜 습관으로 하는 것이다. 따라서 좋은 행동이 습관으로 배도록 시간 날 때마다 뉴스를 보고, 책을 읽으면 좋다. 성공한 사람과 그렇지 않은 사람의 차이는 대단한 것이 아닌 사소한 차이 때문인 경우가 많다.

습관은 제2의 천성으로 자신의 재능을 더 빛나게 해주기도 하지만, 나쁜 습관은 자신이 가지고 있던 것들을 잃게 하기도 한다. 결국 모든 게 내 습관에 달린 셈이다. 습관은 삶의 방향과 결과에 떼려야 뗄 수 없는 핵심이다. 성공을 향한 가장 쉽고 가까운 길은 좋은 습관을 만드는 일이다. 좋은 습관은 누구도 빼앗아갈 수 없는 자산으로, 건강하고 행복한 삶을 살기 위해 갖춰야 할 중요한 덕목임을 누구도 부정할 수 없다.

멘토를 모방하라

부동산 세계는 혼자 가면 외롭다. 고견을 얻을 멘토, 의견을 나눌 동료와 함께 가면 좋다. '혼자 가면 빨리 가고 함께 가면 멀리 간다'는 속담이 있지 않은가. 따라서 유명한 투자 멘토들의 강의를 신청해서 듣는 것이 좋다.

'모방은 창조의 어머니'란 말이 있다. 모방을 거치지 않은 새것은 없다. 기존의 제품을 분해해서 파악한다면, 더 좋은 제품을 생산할 수 있다. 이처럼 모방은 창조로 가는 필수과정이다. 제품뿐만 아니라 시인 푸시킨도, 화가 피카소도 모두 모방의 천재였다. 고수는 남의 것을 베끼고, 하수는 자기의 것을 쥐어짠다. 그 결과, 고수는 창조하고 하수는 제자리걸음이다. 나폴레옹이 연전연승한 것은 그가 '전쟁사'를 열심히 탐독한 결과라고 한다. 그는 과거의 전쟁들을 연구해서 그 결과를 현재의 전쟁에 연결함으로써 승리를 거듭할 수 있었다. 스티브 잡스는 '창조성이란 서로 다른 것들을 연결하는 것'이라 했다. 베끼다 보면 어떤 맥이 잡히고 거기에다 자신만의 색깔을 입히면 바로 이것이 창조가 되는 것이다.

모방은 창조의 필수과정이다. 이는 성공한 멘토의 방식을 그대로 답습하라는 게 아니다. 사람마다 성격도 다르고 투자유형도 다르다. 단독주택, 다가구주택, 다세대주택, 아파트, 원룸, 오피스텔, 상가, 게스트하우스, 모텔, 공장, 토지 등 셀 수 없이 많은 것이 부동산 분야다. 멘토의 성공 노하우를 모방하고 자신만의 색깔을 입혀 적성에 맞는 최적화된 분야를 창조하는 것이 진정한 모방의 승리다.

Part 3

성공하는 아파트 투자 비법

성공하는 부동산 투자 6원칙

1. 남을 알고 나를 알면 백전백승

내가 잘 아는 지역에 투자한다. 완벽한 부동산 투자란 없겠지만 그 지역을 잘 알고 있으면 정보를 얻는 것이 상대적으로 수월하므로 투자 성공을 위해서는 많이 알아둘수록 실패할 확률을 줄일 수 있다.

2. 실수요 위주의 목적에 충실

집을 살 때는 몇 년 후 다시 되팔아도 수요층이 적어 애먹지 않을 만한 곳인지 선호도가 어느 정도인지 파악해야 한다.

3. 나만의 원칙을 지키자

나만의 적정 기대수익률을 정해 놓은 후 그 수익률에 도달할 정도로 가격이 올랐다 판단되면 욕심내지 않고 미련 없이 털고 나오는 것이 중요하다. '조금만 더'를 반복하다 막상 되팔 때 양도소득세, 정부정책, 금리인상 등 예상치 못한 복병으로 기대수익률에 미치지 못하는 경우가 생길 수 있다.

4. 부동산 상승, 하락을 살피자

상승기에는 하락 가능성을, 하락기에는 상승 가능성을 살피자. 초보들은 뇌동매매(독자적이고 확실한 시세 예측에 의한 매매가 아닌 남을 따라 하는 매매), 즉 분위기에 휩쓸려 잘못 사고파는 경우가 많다. 상승, 하락 타이밍은 뉴스가 알려준다. 매일같이 올라오는 부동산 뉴스를 꼼꼼히 살펴보면 사고파는 타이밍을 어느 정도는 알 수 있다.

5. 위기 때 저렴하게 구매

부동산은 심리게임이다. 외환위기나 금융위기 때 집값이 폭락할 경우 살 생각보다는 팔 생각을 하지만 향후 3~5년 후를 바라보고 투자 전략을 세우는 것도 현명한 방법이다. 부동산 투자는 다른 사람의 공포가 곧 나의 기회라고 생각하면 된다.

6. 미분양, 미계약 잔여 세대 물량

아파트 투자로 큰 메리트가 있다면 신도시 중에서도 교통개선될 가능성이 크고 지속적인 인구유입이 될 가능성이 있고 입지가 좋은 대기업 브랜드에 공세권(공원 인접)을 갖춘 대단지라면 노려볼 만하다.

부동산 투자 성공 체크리스트

- [ ] 입지
- [ ] 역세권(교통 : 철도, 도로)
- [ ] 학군(초등학교가 반드시 아파트 주변에 있어야 함)
- [ ] 직주근접
- [ ] 개발호재
- [ ] 부동산 정책
- [ ] 인프라(생활편의시설, 문화산업 복합센터)
- [ ] 주변 부동산 시세 변동 및 실거래가(매매, 전·월세)

투자할 아파트 찾는 법

부동산 물건 찾는 법

1. 손품으로 찾기(컴퓨터로 70% 찾기)
2. 입품으로 찾기(끊임없이 중개사무소 소장님과 통화)
3. 발품으로 찾기(꾸준한 임장으로 물건 발굴)

네이버 부동산 확인 → 중개사무소 전화통화 → 현장 발품

현장 발품 시 네이버 부동산 위치를 추적해 내가 매수하고자 관심 두는 주변 아파트(1km 이내) 시세를 조사한다.

현장학습(임장) 목적

- ☐ 임대수요를 확인하고 지역 호재 조사
- ☐ 10년이 넘는 물건이면 건물상태, 주변 시설 조사
- ☐ 집 보기 전 위아래층 누수, 결로 체크
- ☐ 관리사무소 방문해 집수리 이력 체크
- ☐ 물건 내부를 꼼꼼히 체크

입지조건 갖춘 곳을 찾아라

- ☐ 교통여건(지하철, 광역버스, 버스) 100~500m 이내
- ☐ 학군 (학원밀집) + (초등학교) 50~200m 이내
- ☐ 편의시설 (마트, 시장, 먹거리 상권 등) 100~500m 이내
- ☐ 자연환경 (공원, 호수, 문화시설, 체육시설)
- ※ 그 동네에서 가장 살고 싶은 아파트 10개를 선정한다.

아파트 투자 시 꼭 참고할 온라인 사이트

- ☐ KB 시세
- ☐ 네이버·다음·카카오 지도
- ☐ 부동산 114
- ☐ 국토교통부 아파트 실거래가
- ☐ 네이버 부동산
- ☐ 조인스랜드
- ☐ 대법원 인터넷 등기소
- ☐ 한국감정원
- ☐ 닥터아파트

가진 재산이 1억 원 미만일 때 이렇게 투자하라

사람마다 나이, 생각, 투자할 수 있는 금액이 다르다. 현재 가진 돈이 1억 원 미만이라면 부동산 투자에 제약이 많을 것이다. 해보고 싶은 건 죄다 그 이상의 가격을 내야 하기 때문이다. 투자 금액이 많을수록 투자할 수 있는 좋은 물건들이 많은 게 현실이다 보니 종잣돈이 적을수록 규모를 빨리 키우는 게 급선무다. 누군들 종잣돈을 빨리 늘리고 싶지 않은 이가 어디 있겠는가? 마음은 굴뚝같지만 방법을 모르니 답답한 심정일 것이다. 종잣돈을 빠르게 키우는 방법을 알려드릴 테니 가치가 있다고 생각되는 분은 꼭 이렇게 실행해보기 바란다. 단, 모험이 필요하다.

먼저 서울의 재개발·재건축 아파트를 눈여겨보자. 관리처분계획인가까지 진행된 곳을 눈여겨보되, 관리처분계획인가까지는 안 됐더라도 최소한 시공사까지는 선정된 곳이 좋다. 이런 곳 중에 재개발·재건축 단지가 큰 곳, 즉 세대수가 많은 곳을 택해 그 주변의 나홀로 아파트, 다가구주택, 다세대주택(빌라) 등을 선점하라. 다시 말하면 재개발·재건축 아파트에 투자하란 뜻이 아니고 재개발·재건축 아파트 인근의 주택을 사두라는 말이다. 왜일까?

재개발·재건축이 진행되면 이곳에 살던 주민들이 이주하게 된다. 예를 들어 이곳에 5,000세대의 주민들이 살고 있었다면 5,000세대가 일제히 이사 갈 곳을 찾는 것이다. 청산받는 사람도 마찬가지요, 분양신청을 한 사람도 새 아파트가 완공될 때까지 거주할 주택이 필요하다. 그렇다면 이곳 주민들이 어디에 집을 얻을까?

바로 인근이다. 초·중·고등학교에 다니는 아이들이 기존 학교에 계속 통학해야 하므로 먼 곳으로 이사 갈 수가 없다. 물론 전학을 감수하는 학부모도 있겠지만 심리적으로 전학을 택하는 세대는 많지 않다. 따라서 인근 주택들은 주택난이 벌어진다. 공급은 적은데 수요는 갑자기 폭발적으로 증가한 탓으로 기존에 인기 없던 나 홀로 아파트, 다가구주택, 다세대주택 가리지 않고 수요가 넘쳐난다. 따라서 전세 가격이 급상승해 매매가와 전세가가 거의 차이가 없는 주택들이 등장하게 된다. 바로 이런 곳을 잡는 것이다. 물론 이 주변

주택들이 예전보다 가격이 올랐을 수 있다. 하지만 그래도 사야 한다. 더 오를 가능성이 크기 때문이다. 물론 이에 대한 책임은 바로 자신들에게 있다. 그래서 모험이 필요하단 얘길 앞서 한 것이다.

매매가와 전세가가 3,000~4,000만 원 정도 차이 나는 주택을 계약하되 대신 잔금기간을 길게 잡는다. 만약 매도인이 돈을 빨리 받길 원한다면 중도금까지 주더라도 최대한 잔금을 길게 잡는 것이 좋다. 이렇게 잔금을 치르기 전 재개발·재건축 아파트 이주가 시작되면 대박이다. 전세 가격이 수직 상승해 기존에 계약했던 매매가보다 훨씬 높아지는 현상이 발생한다. 전세가의 상승은 당연히 현재 매매가의 상승을 불러온다.

하지만 돌발 상황은 발생할 수 있다. 관리처분계획인가까지 진행된 걸 보고 인근 주택을 계약했는데 시공사와 비대위의 다툼 등 다양한 원인으로 재개발·재건축의 진행이 늦어진다면 손해로 연결될 수 있다. 그래서 모험이 필요하단 얘길 한 것이다. 하지만 큰 문제는 아니라고 본다. 기존에 매매가/전세가 차이가 3,000만 원 내외이므로 우선 전세 세입자를 넣는다. 내 자본이 3,000만 원 투입됐지만 대부분 전세계약은 2년이므로 2년 후 상황을 지켜보자. 이 기간에 재개발·재건축 이주가 시작되면 앞서 말한 대로 전세가가 수직 상승하니 큰 수익이 실현된다. 예상했던 시기보다 약간 늦어졌을 뿐 재개발·재건축 사업이 순조롭게 진행된 것이다. 보통 관리처분인가까지 간 경우 사업이 취소되는 경우는 극히 드물다.

시기가 잘 맞으면 잔금 전에 바로, 늦어진다 해도 2~4년 안에 수익이 실현되는 투자법. 투자한 돈이 1억 원이라면 수익이 얼마나 될까? 경우에 따라 약간의 차이는 있겠지만 순수익이 1억 원 이상 돼 돌아올 것이다. 단, 투자 대상을 선정할 때 너무 싼 물건만 쫓기보다는 지역이 좋고 가격이 높은 물건을 찾는 게 좋다. 예를 들어 지역이 나쁜 1억 원짜리 나 홀로 아파트가 올라봐야 얼마나 오르겠는가. 강남 재건축 단지 옆의 나 홀로 아파트, 주택들은 가격이 높지만 열심히 발품 팔면 매매가/전세가의 차이가 4,000~5,000만 원인 주택들을 찾을 수 있다. 이런 곳에 투자하란 것이다. 이주 수요가 본격화되면 전세 가격이 수직 상승하니 말이다. 이들은 재개발·재건축이 완료돼 아파트가 준공되면 다시 이주하는 사람들이니 이주 시기 전에 적당할 때 팔고 나오면 된다. 따라서 이 방법은 자본이 적은 분들께 꼭 추천하는 투자법이다. 잃어도 좋은 경험을 했다는 심정으로 툭툭 털고 일어날 수 있는 규모의 자금 말이다. 단, 모험이 필요하다는 점에서 큰 자본을 한꺼번에 넣는 것은 삼가기 바란다.

재개발 vs 재건축

재개발사업은 도로가 좁고 노후한 단독주택 등이 밀집된 일대를 전면 밀어내고 도로를 넓게 만들고 상·하수도를 확충하면서 아파트를 짓는 방식이다. 즉, 공공 기반시설과 새로운 아파트 공급이 동시에 이뤄지는 형태로 기존 소유주에게 아파트를 공급하고 남은 세대는 분양해 사업비에 충당한다. 기존 소유주도 좋고 분양을 통해 주택공급에도 이바지하며 도시기능 회복에도 일조하는 공공이익의 성격이 재개발사업이다.

재건축사업은 정비기반시설은 양호하나 노후·불량건축물에 해당하는 공동주택이 밀집한 지역에서 주거환경을 개선하기 위한 사업이다. 한마디로 멀쩡한 도로 등 기반시설은 놔두고 노후한 건물만 허물고 다시 높게 짓는 사업이라 개인(조합원) 이익의 성격이 강하다

▲ 재개발사업 현장

▲ 재건축사업 현장

조합설립인가 ▶ 사업시행인가 ▶ 분양통지 ▶ 분양 신청(종료) ▶ 관리처분계획인가 ▶ 철거 ▶ 사용승인 ▶ 입주

▲ 재개발·재건축 단계별 진행 상황

	재개발	재건축
성격	공익적 성격 강함.	사익적 성격 강함.
형태	주택, 기반시설 열악 →모두 철거하고 주택과 기반시설 공급	주택 열악, 기반시설 양호 →주택만 철거하고 새로 지음
조합원	토지, 건축물 소유자	조합설립에 동의한 토지 +건축물 소유자
기준일 (조합원, 분양신청)	관리처분계획인가일 (조합설립에 동의하지 않아도 조합원 자격 있음. 관리처분계획인가 시점까지 분양신청하면 됨. 이 기간이 지나면 청산대상)	조합설립인가일 (조합설립인가에 동의한 자만 조합원이 되고 분양신청 자격이 있음. 그 외는 청산대상)

무분별한 아파트 투자는 위험하다

아파트 투자는 정부의 신호를 잘 보란 얘길 앞서 했다. 전 세계에서 유일무이하게 대한민국 부동산 시장은 정부의 정책에 따라 냉탕과 온탕을 반복한다. 투기지역, 투지과열지역, 조정지역, 신 DTI, DSR, 조정지역 내 다주택자 양도소득세 중과(2018년 4월 1일 이후) 등 문재인 정부는 부동산 억제 정책을 펴고 있다. 2013~2016년 아파트 값이 상승하는 시기에 맞춰 밀어내기 분양을 서두른 건설사의 완공된 아파트가 2017~2018년에 쏟아지며 각 지역에서 입주 대란이 발생하고 있다. 입주 시기에 부동산 규제정책까지 맞물려 아파트 매매가/전세가가 동반 하락하며 거래절벽이 현실화되고 있다. 지방은 집값 떨어져 아우성인데 상대적으로 수도권, 특히 서울에 큰 영향은 없는 듯하다. 그렇다면 지금 서울 아파트에 투자하는 것은 괜찮을까?

당신이 비싼 가격에 사주고 있다

서울 집값이 비싸다는 것은 다 아는 사실이다. 그렇다면 왜 이렇게 비쌀까? 서울 땅값이 비싸서? 공급은 한정적인데 수요가 많아서? 내 개인 소견으론 당신이 비싼 가격에 사주고 있으니 서울 집값이 비싸단 생각이다. 이게 무슨 뜻인지 자세히 살펴보자.

8.2 부동산 대책의 여파가 한창일 때인 2017년 9월, GS건설은 서울 강남에서 청약 대박을 쳤다. 분양한 서초구 '신반포 센트럴자이' 청약에 너도나도 사겠다는 사람들이 몰리며 이 아파트는 160대 1의 경쟁률 속에 4일 만에 모두 팔렸다. 싸늘한 시장 분위기 속에서도 이 단지가 주목받았던 이유는 착한(?) 분양가였다. 신반포 센트럴자이의 평균 분양가는 3.3㎡당 4,250만 원으로 84㎡형이 14~15억 원 수준이다. 다른 지역에선 입이 떡 벌어질 만한 가격이지만, 강남 치고는 오히려 저렴했다는 평이다.

'3.3㎡당 4,000만 원(84㎡형을 기준 12~13억 원)'은 기준금리처럼 굳어진 강남 아파트 분양가의 공식이다. 이제 3.3㎡당 5,000만 원도 멀지 않았다는 얘기도 심심치 않게 들린다.

강남 분양가 상승은 시세 상승에 따른 것으로 생각하지만, 본질은 아니다. 분양가 거품의 핵심은 아파트 건축비에 있다. 분양가는 토지비(대지비)와 건축비로 나뉜다. 아파트를 짓는 데 들인 비용이 건축비라고 생각하기 쉽지만, 분양가에 산정된 아파트의 건축비는 건물의 미래가치를 산정한 것으로 공사비 개념이 아니다. 분양가에 나온 건축비 가격이 5억 원이라면 앞으로 아파트 건물값이 그 정도 될 거라는 예측 가격으로 공사비가 5억 원이 든다는 얘기가 절대 아니다.

물론 건축비 책정은 그럴싸한 절차를 거친다. 아파트를 분양하는 건설사나 재건축 조합은 감정평가업체를 정해 건물의 미래가치를 평가하게끔 한다. 감정평가는 건물공사비뿐 아니라 주변 시세도 반영한다. 실제 한국감정원의 부동산 감정평가 기준을 보면, 감정평가는 시장가치를 기준으로 결정한다고 규정하고 있다. 시장가치를 반영한다는 것은 가장 잘 팔릴 가격대에 물건값을 결정한다는 의미다. 시장에서 거래만 잘되면 가격을 높여도 상관없다는 뜻이기도 하다. 이렇게 되면 부동산 시장 상승기에는 자연스럽게 아파트 건축비가 상승할 수밖에 없다. 감정평가사는 당연히 현재의 부동산 상승률을 감안해 물건 가치를 판단할 테니 말이다. 이를 막았던 장치가 분양가상한제였다. 분양가상한제란 기본형 건축비를 기준으로 상한선을 정해 아파트 분양가가 그 이상을 넘지 못하게 하는 제도다. 그런데 박근혜 정부는 지난 2015년 경기활성화를 목적으로 민간택지에 대한 분양가상한제를 사실상 폐지했다.

국토교통부가 발표한 공동주택 기본형 건축비는 평당 400만 원 대다. 내가 원룸을 짓는 금액이 평당 300만 원이다. 내 경험으로 비춰볼 때 정부가 고시한 아파트 평당 건축비 400만 원대는 건설사 입장에서 충분한 금액이라고 생각한다. 고급 대리석에 각종 치장을 한다면 다소 금액이 다르겠지만 아파트는 건축 세대수가 많으니 자잿값도 우위를 점할 수 있다고 생각한다.

그렇다면 500만 원 정도면 충분히 건설할 수 있는데 어떻게 분양가가 4,000만 원이 넘어가며 강남이 아닌 지역을 보더라도 평당 2,000만 원을 초과할까? 땅값이 비싸서일까? 비싼 땅을 매입해서 짓느라 이렇게 강남은 평당 4,000만 원이고 지방 중소도시는 평당 600만 원으로 분양가가 차이 날까? 과연 땅값이 비싸서 분양가가 높은지 한번 따져보자.

대지 지분이 턱없이 작다

아파트 등기부를 보면 '소유권 대지권'이란 명목으로 대지 지분이 표시된다.

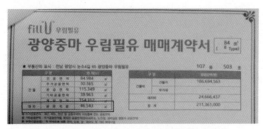

▲ 대지 지분이 46㎡(약 15평)인 지방 아파트 분양계약서

이 아파트는 지방에 위치한 아파트 매매계약서로 전유면적 84㎡ (공급면적 34평)다. 대지 공유지분을 보면 46㎡로 약 15평이다. 실제 이 아파트를 가보면 동 간 거리가 매우 넓다.

[집합건물] 서울특별시 강남구 도곡동 467-17의 1필지 타워팰리스 제이동			고유번호. 1146-2003-002504
【 표 제 부 】		(전유부분의 건물의 표시)	
표시번호	접 수	건물번호	건 물 내 역	등기원인 및 기타사항
1	2003년3월28일	제19층 제1902호	철근철근콘크리트구조 115.63㎡	도면편철장 1책 400장
		(대지권의 표시)		
표시번호	대지권종류		대지권비율	등기원인 및 기타사항
1	1 소유권대지권		20607.2분의 16.5205	2003년2월28일 대지권 2003년3월28일

△ 대지 지분이 4평 남짓인 서울 47평 아파트

서울의 아파트 등기부를 발급해봤다. 전유면적 115㎡(공급면적 47 평)의 대지 지분이 16.5205㎡이니 앞 사례와 동일하게 전유면적 84 ㎡로 환산하면 대지 지분이 약 12㎡(3평) 나온다. 현재 해당 면적의 아파트 거래가격은 17억 원대다(34평으로 환산하면 약 12억 원 정도 나옴).

지금부터 강남에 아파트를 지어보자. 토지 매입가격을 평당 5,000만 원 잡겠다. 아파트는 워낙 넓은 부지에 짓기에 길이 없는 맹지인 뒤땅은 1,000만 원도 안 되는 가격으로 매입한 땅도 있겠지 만 높게 잡아서 평균 5,000만 원에 매입했다 치자.

토지 비용 : 5,000만 원 × 3평(대지 지분) = 1억 5,000만 원
건축 비용 : 500만 원 × 34평 = 1억 7,000만 원
⇒ 강남 아파트 34평 원가 : 3억 2,000만 원

이게 실체다. 실제 34평 아파트 한 채 짓는 데 소요되는 원가는 이 정돈데, 소비자들이 10억 원이 넘는 가격으로 사주니 분양가가 고공행진을 하는 것이다. 예술작품도 아니고 어차피 30년 뒤에 또 부술 건물을 미래가치라는 명목으로 건설업자들이 높은 분양가를 책정하며 소비자를 마음껏 속이는 것이다. 물론 이렇게 고분양을 했다 해도 소비자들이 외면한다면 건설업자들이 정신을 차릴 것이다. 하지만 84㎡ 아파트를 10억 원이 넘는 돈을 주면서 싸다고 분양받으니 건설업자들이 정신을 차릴 턱이 없다.

더 웃기는 얘기는 고분양가에 분양받은 아파트를 투기꾼들이 많은 웃돈을 주고 폭탄 돌리기 하듯이 다시 사고판다는 것이다. 그래서 단기간에 또 다른 수익을 창출하는 시장이니 마지막에 실거주하려고 매수에 나선 사람은 폭탄 돌리기의 희생자가 될 수밖에 없는 안타까운 현실이다.

공동주택 기본형 건축비

단위 : 천 원/㎡

구 분 (주거전용면적기준)		지상층건축비 (주택공급면적기준)
5층 이하	40㎡ 이하	1,563
	40㎡ 초과 ~ 50㎡ 이하	1,589
	50㎡ 초과 ~ 60㎡ 이하	1,540
	60㎡ 초과 ~ 85㎡ 이하	1,555
	85㎡ 초과 ~ 105㎡ 이하	1,609
	105㎡ 초과 ~ 125㎡ 이하	1,585
	125㎡ 초과	1,556
6~10층 이하	40㎡ 이하	1,678
	40㎡ 초과 ~ 50㎡ 이하	1,702
	50㎡ 초과 ~ 60㎡ 이하	1,649
	60㎡ 초과 ~ 85㎡ 이하	1,655
	85㎡ 초과 ~ 105㎡ 이하	1,719
	105㎡ 초과 ~ 125㎡ 이하	1,692
	125㎡ 초과	1,663
11~20층 이하	40㎡ 이하	1,587
	40㎡ 초과 ~ 50㎡ 이하	1,602
	50㎡ 초과 ~ 60㎡ 이하	1,554
	60㎡ 초과 ~ 85㎡ 이하	1,553
	85㎡ 초과 ~ 105㎡ 이하	1,607
	105㎡ 초과 ~ 125㎡ 이하	1,582
	125㎡ 초과	1,554

21~30층 이하	40㎡ 이하	1,614
	40㎡ 초과 ~ 50㎡ 이하	1,629
	50㎡ 초과 ~ 60㎡ 이하	1,581
	60㎡ 초과 ~ 85㎡ 이하	1,580
	85㎡ 초과 ~ 105㎡ 이하	1,637
	105㎡ 초과 ~ 125㎡ 이하	1,611
	125㎡ 초과	1,583
31층 이상	40㎡ 이하	1,665
	40㎡ 초과 ~ 50㎡ 이하	1,682
	50㎡ 초과 ~ 60㎡ 이하	1,631
	60㎡ 초과 ~ 85㎡ 이하	1,630
	85㎡ 초과 ~ 105㎡ 이하	1,686
	105㎡ 초과 ~ 125㎡ 이하	1,661
	125㎡ 초과	1,631

2017.9.15 국토교통부

건설사 배를 불려주는 아파트는 그만

2015년 3월, 부산 북항 재개발지역에 위치한 오션브릿지 아파트를 분양받았다. 분양면적 50평인 아파트 분양가는 3억 5,700만 원으로 평당 700만 원 정도다. 부산이라서 이렇게 쌀까? 그렇지 않다. 같은 부산임에도 이 옆의 좌천·범일지역 재개발·재건축 아파트의 평균 분양가는 평당 1,300만 원대다. 왜 이런 차이가 날까?

오션브릿지 아파트는 2014년 하반기에 분양했다. 2014년도의 부산지역 아파트 평균 분양가는 평당 800만 원대였지만 3년이 지난 2017년 부산지역 아파트 평균 분양가는 평당 1,200만 원대로 가격이 급등했다. 왜 그럴까? 평당 건축비가 올라서일까? 아니면 땅값이 그만큼 올라서일까? 그것도 아니면 자재비·인건비가 그만큼 상승한 것일까?

내 생각에 분양가 인상은 2013년 박근혜 정부의 부동산 완화정책과 연관이 깊다고 본다. 분양가 상한제 폐지와 맞물려 부동산을 쉽게 취득할 수 있도록 DTI·LTV 완화, 금리 인하, 취득세 인하, 한시적 취득세·양도세 면제, 전세자금대출 80%까지 지원 등 굵직굵직한 부동산 완화정책을 끊임없이 풀어주다 보니 투기·투자 세력들이 부동산으로 몰려 생긴 결과라고 보인다.

부산에 ○○구역 재개발 사업이 시끄러웠던 적이 있다. 다음 사진은 그때 거리에 붙어 있던 글을 찍은 사진이다. 내용을 보면 현대건설이 비례율, 조합원 할인금액, 공사비에서 더 좋은 조건을 제시했음에도 조합은 동원개발과 계약을 체결했다. 이런 세부사항을 뒤늦게 안 조합원들이 반발한 사건이었다. 조합원들의 반발로 재개발이 무산됐다가 다시 진행되는 과정을 겪었다. 이러한 로비, 거품 비용들이 그대로 분양가에 반영되는 것 또한 분양가를 높이는 데 일조한다.

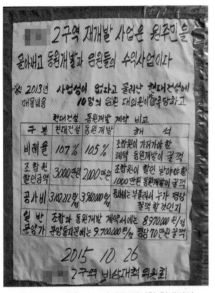

▲ 2015년 310만 원의 공사비를 제시한 현대건설

이 사진을 봐도 알 수 있듯 2015년도 공사비는 현대건설 기준 310만 원이다. 즉, 2015년 300만 원대로 충분히 공사할 수 있음을 증명한다. 그러니 2017년인 지금, 2년 사이 공사비가 턱없이 높이 올라 분양가가 상승했다는 말은 맞지 않는다. 공사비는 정부에서 제시한 500만 원 이상 들지 않는다(고급자재를 사용해도 600만 원을 넘지 않음). 그런데도 소비자들은 '1,000만 원 분양가가 싸다, 1,500만 원 분양가가 싸다' 하고 있다.

결론적으로 현재의 높은 분양가는 소비자들의 무지가 만든 가격이며 더불어 건설사들이 폭리를 취하고 있다. 비싸게 팔아도 알아서 잘 사주니 뭐하러 낮춰 팔겠는가!

위기를 대비하라

지금과 똑같은 시기가 10년마다 반복되고 있다. 2002년 월드컵을 기점으로 2006년까지 서울의 아파트 가격이 고공 상승했다. 그 뒤 '잃어버린 8년'이란 이름으로 불황을 겪다가 박근혜 정부가 2013년 3·26대책의 발표로 가격이 움직이기 시작했다. 따라서 2005~2006년에 서울 아파트를 매입한 사람은 매우 타격이 심했다. 가장 고점에 샀다가 8년 동안 계속 가격이 하락했기 때문이다. 박근혜 정부가 각종 대책을 쏟아내는 바람에 가격 상승이 일어 그제야 팔고 나온 사람도 많다. 2013년부터 시작한 상승세는 2017년까지도 이어졌다.

이 상승세가 지속될 것으로 예상하고 지금 매입한다면 매우 위험하다. 실제 과거처럼 8년을 버틸 재력이 있다면 가능할 일이나, 8년을 들고 있을 자신이 없다면 신중해야 한다. 또한 일정 시기가 지나면 과거처럼 가격이 다시 반등할 것으로 예상하는 사람은 너무 낭만에 빠져 있다. 박근혜 정부는 실제 정책을 너무도 많이 쏟아부었다. 그런 정책이 다시 실현되기란 쉽지 않다. 하지만 기존에 실시되던 정책을 하루아침에 중단할 수도 없다. 대표적인 예로 박근혜 정부에서 80%까지 실시한 전세자금대출을 문재인 정부에서 중단할 수 있을까? 그렇지 않을 것이다. 민심을 잃기 때문이다. 그렇다면 정부는 어떻게 할까? 바로 금리인상으로 대책을 마련할 것이다. 실제 금리를 인상할 기운이 곳곳에서 감지되고 있지 않은가!

실제 미국정부의 금리인상이 예견되는 마당에 우리나라가 기준금리를 올리지 않을 수 없다. 외국 금리가 오르는데 우리나라만 금리를 동결하면 외국 자본이 빠져나가 경제에 타격을 받기 때문이다. 실제 우리나라는 반도체는 활황이어도 그 외는 부진을 면치 못하고 있다. 진정 국가 경제가 살아나려면 조선업, 자동차, 중공업 등 사람이 손으로 할 수 있는 일자리 업종들이 활성화돼야 한다. 하지만 정부정책은 4차 산업에 집중돼 있으므로 인력이 남아돌아 서민들의 돈줄은 갈수록 죄어올 수밖에 없다. 그럼에도 불구하고 고가의 부동산을 언제까지 끌어안고 있겠다는 생각은 '생일날 잘 먹으려고 이레를 굶는다'는 속담을 떠올리게 한다.

나는 땡처리 아파트에 투자한다

지금 시기에 아파트 투자는 매우 신중해야 한다. 그렇다면 나는 아파트 투자를 전혀 하지 않을까? 그렇지는 않다. 나는 지금도 투자할 아파트를 찾아 전국을 다니고 있다. 단, 사람들이 흔히 생각하는 갭투자나 매매 방식이 아니다. 나는 아파트 할인 분양하는 업체를 집중적으로 알아보고 다닌다. 미분양이 되면 건설사들은 어떻게 든 살아남기 위해 잔여 물량을 처리할 수밖에 없다. 이런 물건이 일명 '땡처리 할인 분양'이다. 아파트마다 다르지만 최소 30%에서 최대 65%까지 할인 분양받은 경험이 있다. 단, 이런 물건들은 1~2채를 매입하는 방식이 아닌 미분양 잔여 물량을 통째로 매입하는 방식으로 예를 들어 300여 채를 한 번에 매입하는 식이다. 처음부터 높은 할인율을 받을 수 있는 것이 아니다. 이 또한 수단과 방법을 가리지 않고 협상에 임하다 보면 최종적으로 원하는 할인율을 얻을 수 있다. 지역을 가리지 않고 좋은 물건을 찾아 전국을 다니는데, 공통적인 특징은 32평(전용 84㎡ 이하)까지는 분양이 완료됐다는 점이다. 40평대가 넘는 대형평수만 물량이 남아 있는 경우가 많다.

현재 각종 대출규제와 금리인상으로 갈수록 분양시장이 저조할 것으로 예상한다. 분양시장이 저조할수록 미분양 물건들은 넘쳐날 테니 나로서는 반길 일이다. 곧 좋은 물건들이 쏟아져나올 것이며 2019년에 정점을 찍을 것으로 보인다.

할인 분양 물건이라고 모두 매수하는 것은 아니다. 입지를 살펴 수요자가 반길 만한 지역을 우선하되 분양이 70% 이상 완료된 물건을 노린다. 30% 남은 물건을 할인 분양받아 싹쓸이한 후 배수진을 치고 있으면 나보다 더 낮은 가격에 산 사람이 등장할 여력이 없으니 아파트 가격을 내가 주도할 수 있다.

땡처리 물건 vs 경매 물건

땡처리(할인) 물건의 장점

원분양가에 분양받은 사람은 손해 보면서 매물을 내놓지 못한다. 만약 분양가 1억 원의 아파트를 30% 할인 분양받아 7,000만 원에 샀다고 보자. 1억 원에 분양받은 사람은 9,000만 원에 매물을 내놓지 못한다. 앉아서 손해 보기 때문이다. 하지만 7,000만 원에 할인 분양받은 사람은 8,000만 원에도 매물을 내놓을 수 있다. 그래도 이익이기 때문이다. 이처럼 아파트 가격을 주도할 수 있는 위치에 있는 자가 바로 할인 분양받은 사람이다.

경매 물건의 장점

경매 물건은 현재 시세 대비 싸게 살 수 있다. 이제 막 입주 시작하는 신축아파트가 경매 나오는 경우는 드물다. 채무자는 보통 경매로 진행되는 것을 막기 위해 대출이자를 연체하지 않으려 노력한다. 그럼에도 대출이자를 막지 못해 경매가 신청되고 6개월~1년 후에 매각기일이 정해진다. 따라서 경매로 나오는 물건은 최소한 입주 후 2년 이상 된 아파트들이다.

입주한 지 5년 된 아파트의 현재 시세가 1억 원인데 7,000만 원에 낙찰받았다고 가정해보자. 바로 되팔아도 1억 원의 시세에 팔 수 있다. 급매로 9,000만 원 정도에 내놓으면 더 빨리 팔 수 있다. 이처럼 현재 형성된 시세 대비 싸게 낙찰받아 바로 수익을 올릴 수 있는 장점이 있다. 1년 미만 보유 단기매매인 경우 44%(지방소득세 포함)의 양도소득세를 내지만 법인인 경우 10~25%(과세표준 2억 원 이하 법인은 10%, 2억 원 초과~200억 원 이하는 20%, 200억 원 초과~2,000억 원 이하는 22%, 2,000억 원 초과는 25%, 필자는 20%의 법인세 구간임)의 법인세만 내면 되므로 수익률이 높아진다.

부동산 경기가 냉각되면 아파트 매수자가 거의 없다. 입장 바꿔 당신이라면 더 떨어질지 모르는데 집을 사겠냐 말이다. 집을 살 능력이 있음에도 대다수 사람들이 전·월세로 전환하며 추이를 지켜보기에 거래가 뚝 끊긴다. 따라서 대출 연체 초기에 얼른 집을 매도하고 대출을 상환하고자 하는 채무자의 전략이 통하지 않아 줄줄이 경매로 등장하는 물건들이 많아진다. 이런 물건 중 최저점을 형성한 우량 물건을 골라 담을 수 있는 시장이 경매 시장이다. 실제 몇몇 지역의 아파트 가격이 바닥을 향해 내려가고 있고 이를 예의주시하고 있다. 저점에 쓸어 담아 회복기에 시장에 내놓기 위해서다.

반드시 미래가치를 보고 투자하라

'부동산 투자'라 하면 흔히 아파트 투자를 연관 짓는다. 다시 말하지만 우리는 부동산 투자를 해야지 아파트 투자를 해선 안 된다. 물론 앞서 말한 것처럼 아파트도 부동산 투자의 한 종목이 될 순 있지만 아파트 투자만 갖고 부동산에 투자했다고 착각해서는 안 된다.

부동산에 투자하는 첫째 원칙은 반드시 미래가치를 보고 투자해야 한다. 미래가치가 아닌 현재가치를 보고 투자하면 실패하게 돼있다.

1억 5,000만 원 아파트가 상승 기운에 힘입어 3억 원까지 올랐다고 해보자. 생각에 계속 올라갈 것 같아 현재가치인 3억 원에 매입한다. 물론 예상대로 그 이상 올라주면 운이 좋은 것이지만 만약 그렇지 않다면 어떡할 것인가?

해당 아파트를 매입하려면 반드시 선행돼야 할 작업이 있다. 나보다 싼 가격에 매입한 사람이 얼마나 포진돼 있는지 말이다. 내가 매입한 가격이 제일 높다면 내 뒤로 더 높은 가격으로 사줘야 내가 빠져나올 수 있는 여지가 있다. 그런데 나보다 더 높은 가격으로 사겠다는 사람이 없다면 어떻게 될까? 결국 빠져나오지 못하고 울며 겨자 먹기로 보유하고 있는 경우가 많다.

사람마다 투자 기간이 다르겠지만 일반적으로 아파트 투자는 2년 앞을 내다보는 게 좋다. 자금의 여력이 돼 골고루 투자할 수 있다면 4년까지 봐도 좋다. 하지만 나는 개인적으로 투자 기간을 길게 보는 편이다. 실제 30채의 아파트를 사놓은 곳이 있는데 2028년에 완공되는 산업단지를 보고 투자해놓은 곳이다. 앞으로도 10년이 더 남았다. 지은지 10년 된 이곳은 평당 230만 원을 주고 산 아파트로 현재 이 주변에 짓고 있는 아파트는 평당 700만 원 이하는 없다. 내가 매입한 아파트는 이 지역의 랜드마크로 입지, 교통, 상권, 학군 등 모든 것을 다 갖추고 있다. 더욱 매력적인 점은 이 아파트를 월세 투자하고 있는 점이다. 이곳의 아파트는 24평형인데 사연 있는 초급매물만 몇 년에 걸쳐 꾸준히 매수하다 보니 평균 매입가격이 5,300만 원(KB시세 7,300~8,200만 원)이다. KB시세로 대출을 받다 보니 방 공제를 하고도 평균 대출금액이 4,200만 원이다(월 이자 약 12만 원). 취득세, 내부 인테리어 등 각종 경비를 포함 투자금액은 한 채당 평균 1,000만 원 정도다. 현재 보증금 300만 원/월 35만 원을 받고 있다. 12만 원의 월 이자를 제하고도 1,000만 원 투자에 월 23만 원이 남는다.

1,000만 원 × 30채 = 3억 원(투자금액)
월 23만 원 × 30채 = 690만 원(월세수입)

어디 가서 아파트 한 채 값도 안 되는 3억 원 투자에 690만 원 월세를 받을 수 있을까? 이러니 2028년까지 보유하지 않을 이유가 없다. 그리고 앞으로 이 지역에 짓는 아파트는 800~900만 원대로 계속 분양가가 상승할 것이기 때문이다. 따라서 미래가치가 있는 곳에 투자해놓으면 절대 잃지 않는 게임을 할 수 있다.

어느 부동산을 불문하고 반드시 입지를 확인하라

부동산은 부동성(不動性, 움직이지 않음)과 부증성(不增性, 증가하지 않음)이라는 특징이 있어 입지(location)가 매우 중요하다.

아파트 입지의 첫째 요소는 교통으로 출·퇴근이 용이해야 한다. 도시 같으면 지하철이 가까워야 하고, 시골 같으면 대중교통과 IC가 가까워야 한다. 교통이 좋은 곳이 최고의 입지다.

둘째, 학군이다. 학군이라고 반드시 명문학군을 따지라는 게 아니라 초등학교가 있는지를 따져보란 뜻이다. 초등학교가 내가 사는 곳에서 200m가 넘어가면 그 학교는 내 입지가 아니라고 여기는 편이 낫다. 대로를 건너가야 한다면 더더욱 그렇다. 어린이가 학교에 가는데 200m 이상을 걷거나, 대로를 건너야 한다면 부모가 손잡고 데려다줘야 한다. 따라서 부모가 데려다주지 않아도 아이 혼자서 걸어갈 수 있는 곳에 초등학교가 있다면 아주 좋다.

셋째, 내 집 앞에 어느 정도 상권이 형성돼 있어야 한다. 오랜만에 친구가 놀러 왔는데 술 한잔하러 차 타고 나가야 한다면 이 또한 불편하다. 따라서 어느 정도의 상권과 대형마트 등 편의시설이 형성된 곳이 좋다.

상업용 부동산 또한 입지분석이 매우 중요하다.

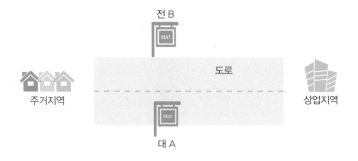

도로를 기준으로 서로 마주 보는 A, B 땅이 있다. 둘 다 같은 계획관리지역이지만 A 땅은 지목이 '대'이고, B는 '전'이다. 이 경우 주유소를 하기에 적합한 땅은 어디인가?

지목이 '대'인 A를 선택하는 사람이 많을 것이다. 하지만 이 경우 B가 주유소 용지로 적합하다. 입지를 보면 주거지역과 상업지역을 연결하는 도로에 접한 필지임을 알 수 있다. 따라서 아침에는 A가 있는 방향의 교통량이 많고, 저녁에는 B가 있는 방향의 도로가 교통량이 많을 것이다. 당신이라면 바쁜 아침에 주유를 하겠는가, 느긋한 퇴근길에 주유를 하겠는가? 특별히 급한 경우를 제외하고는 대부분 퇴근길에 주유를 할 것이다. 따라서 B 필지가 주유소 용지로 적합하다. 물론 B 필지는 농지므로 농지전용 가능 여부를 알아봐야 하는 점도 잊으면 안 된다.

만약 원룸이나 오피스텔이라면 다른 입지분석이 필요하다. 주변의 학군을 확인해야 하고, 주변 교통도 염두에 둬야 한다. 토지에 투자한다면 작게는 해당 토지가 위치한 지역의 개발호재, 넓게는 어떤 대형개발계획이 있는지도 확인해야 한다. 인구유입, 소득수준 등을 확인한다. 이 모든 과정이 입지분석으로 볼 수 있다. 무엇보다 입지분석 이전에 내가 원하는 바가 무엇인지 목적을 분명히 해야 입지분석이 좀 더 세밀하고 확실하게 이뤄질 수 있다.

모든 부동산 투자자를
위한 가이드

노선을 정해야 배가 항해할 수 있다

"대체 어느 부동산을 사야 돈 벌 수 있어요?"라는 질문을 많이 받는다. 이런 질문을 받을 때마다 "바로 이곳이 유망합니다. 여기를 사세요"라고 시원히 답한 적은 한 번도 없다. 혼자 부자가 되려고 정보를 아끼는 것이 아니다. 그분이 원하는 정답을 드리기 어렵기 때문이다. 이런 질문은 뷔페에 가서 "어느 음식이 맛있어요?"라고 묻는 것과 똑같다. 본인의 기호에 맞는 음식이 맛있듯 투자도 본인의 기호에 맞아야 좋은 성과를 올릴 수 있다.

본인의 투자 목적을 정하라

본인에게 적합한 투자 목적을 정하면 보다 수월하게 목표 수익률, 투자 기간 등이 정해질 수 있고 그 후에 조건에 맞는 유망한 투자처를 찾을 수 있다. 정확한 목적 없이 단순히 돈을 벌겠다는 생각으로 중개사무소를 찾아다니면 막상 좋은 물건을 봐도 사야 할지 말아야 할지 판단이 서지 않는다. 부동산이 너무 어렵다고 하시는 분들은 대부분 본인의 투자 목적을 정하지 못한 경우가 많다. 단순 투자인지, 주거와 투자를 같이 원하는지, 주거가 대부분의 목적인지 등 나에게 무엇이 맞는지를 아는 것이 중요하다.

본인의 투자 환경을 파악하라

부동산 투자처를 이리저리 물색하시는 분들은 부동산업과 전혀 관련 없는 직업을 가지고 있는 경우가 대부분이다. 따라서 본인의 투자 환경을 파악하기 어려운 경우가 많다. 투자 환경에는 투자할 수 있는 금액, 수익이 나오기까지의 투자 기간, 본인의 현재 그리고 미래의 수입 등 여러 가지가 있다.

사례를 들어 설명해보겠다.

서울에서 직장 다니며 성실히 살아가는 직장생활 4년 차 김진수 씨에게는 그동안 모은 7,000만 원 정도의 여유자금이 있고 2년 정도 후에는 결혼도 생각하고 있어서 투자처를 찾고 있었다. 그러던 중

주변 지인이 땅에 투자해 적지 않은 수익을 올렸다고 해서 귀가 솔깃해졌다. 고민 끝에 인근 땅을 매수하기로 했다. 더 많은 돈을 융자로 얻어야 했지만 큰 수익 생각에 무리해서 이곳저곳에서 돈을 끌어다가 투자를 했다. 하지만 기대와는 달리 금방이라도 삽을 뜰 것 같았던 사업은 이런저런 사정 때문에 진행이 늦어져, 무리해서 얻은 은행 이자가 더욱 부담스러워졌다. 이 사례를 통해 고려해야 할 투자 환경 몇 가지를 살펴보겠다.

첫째, 투자 기간이다. 김진수 씨는 본인이 투자할 수 있는 금액 대비 수익만 생각하고 2년 정도 뒤에 결혼으로 들어갈 목돈을 고려하지 않았다.

둘째, 투자 회수기간이다. 누구나 짧은 시간 안에 큰 수익을 올리고 싶다는 생각은 같다. 그러나 실제로는 아무리 시장분석을 하고 투자해도 사업이 지연되면 예상보다 회수 기간이 길어지는 게 부동산이다.

셋째, 투자자의 자금 상황이다. 투자 기간은 자연스럽게 투자자의 자금 상황과 연결된다. 투자 회수기간의 불확실성이 큰 토지는 조금 더 자금 여유가 있고 안정적인 분들이 고려하는 것이 맞다.

넷째, 수익률이다. 2년이 지나 당장 목돈을 써야 하는 김진수 씨가 아닌 자금 상황이 여유로운 40대 투자자가 사례의 토지에 투자했다면, 무리한 빚을 끌어 쓰지 않고 투자 기간도 좀 더 길게 잡을 수 있었을 것이다. 조금 사업 진행이 늦어진다고 해도 분명히 높은 수익률을 올릴 수 있었을 것이다.

이처럼 부동산 투자는 예상치 못한 변수가 존재한다. 변수 없이 예상대로 맞아떨어지기만 한다면 그것은 투자가 아니라 저축이라 불러야 옳다. '1+1=2'가 아닌 '1+1=3'이 될 수도, '1+1=0'이 될 수도 있는 세계가 바로 부동산 시장이다.

하지만 같은 변수라도 사람에 따라 차이가 있다. 누구는 변수를 예측해 대비하지만 누구에게는 직격탄일 수 있다. 따라서 본인의 상황에 맞는 투자와 리스크 관리가 필요하다. 하지만 리스크를 우려해 부동산 투자를 하지 않겠다는 생각은 너무나 일차원적인 생각이다. 배가 안전하다고 항구에만 정박해 있으면 배의 역할을 다 할 수 없는 것처럼 부자가 되려면 위험이 있어도 대비하면서 나아가야 한다.

부동산 투자, 편견부터 버려라

흔한 부동산 투자의 오해

- 부동산 투자는 투기다.
- 부동산 투자는 돈 많은 사람만 한다.
- 바빠서 부동산 투자를 못 한다.
- 부동산 투자는 너무 어렵다.

A가 부동산으로 돈을 번 걸 보고 '배가 별로 안 아프면 투자, 배가 아프면 투기'라는 우스갯소리가 있다. 또한 '내가 하면 투자, 남이 하면 투기'라고 몰아붙이기도 한다. 흔히 투자는 좋은 것이고 투기는 나쁜 것이란 인식이 팽배하다. 하지만 어디까지가 투자고, 어디부터가 투기인가? 2배 올랐으면 투자, 10배 올랐으면 투기? 기간을 따져 2달 만에 올랐으면 투기, 10년 만에 올랐으면 투자? 이렇듯 투자와 투기의 개념은 모호하다. 한 가지 정확한 점은 남이 부동산 투자로 돈을 많이 벌면 그것은 투기라며 자신은 고고한 척 애써 위안을 삼는 사람들이 있을 뿐이다.

아직 부자가 아니니까 투자를 해야 한다

'창고가 꽉 차야 예절을 알고, 옷과 음식이 풍족해야 영예로움과 치욕을 알게 된다.'

2,000년 전 중국의 역사서 《사기》를 편찬한 사마천은 부에 대해 이렇게 이야기했다. 부를 가지지 못한 자가 부를 소유하기 위해 노력하지 않고 말로만 인의를 운운하는 것을 부끄러운 짓이라고 비난했다. 달리 말해 사마천이 비판하고 있는 것은, 사람들이 일생 빈곤하게 지낸다는 사실에 대해서가 아니라, 돈을 벌지도 않으면서 독선적인 태도를 취하고 자신이 고상한 도의에 따랐기 때문에 이렇다고 주장하는 것이었다. 그러면서 '자기보다 10배 부자면 시기하고 질투하며, 100배 부자면 그를 두려워하고, 1,000배 부자면 그에게 고용당하고, 10,000배 부자면 그의 노예가 된다'고 말했다. 즉 남의 노예나 고용을 당하는 수모를 겪지 않으려면 부를 갖기 위해 노력해야 한다는 것이다.

흔히 부동산 투자는 돈 많은 사람의 전유물이라 여기기 쉽다. 하지만 부자가 아니니까 부동산 투자로 부자가 되려는 것이다. 부자로 살고 싶다면, 언제든 내 자유를 위해 쓰고 싶은 돈을 갖고 싶다면, 여유 있게 돈 걱정 없이 살고 싶다면 일단 부자가 되겠다는 마음부터 먹어야 한다. 그리고 그 마음을 유지해야 한다. 새해에 세운 계획이 작심삼일로 흐지부지돼선 안 된다. 1년 365일 꾸준히 그 마음을 지닐 수 있도록 시스템을 만들어야 한다. 그 마음이 약해질 때마다 다잡을 수 있는 계기들을 만들어 늘 부자가 되겠다는 강한 마음을 지녀야 한다. 결국 부자가 되겠다는 마음을 먹고 이를 꾸준히 유지할 수 있는가 없는가에 따라 성패가 좌우된다.

나이에 따라 투자 종목이 다르다

임야, 아파트, 수익형 부동산 중 연령에 따라 투자 종목이 다르다. 현재 갓 대학을 졸업하고 취직한 사회초년생이라면 월급에서 일정 금액을 적금 넣어 목돈 마련한다는 평범한 생각은 접어뒀으면 한다. 대출을 받아 개발 호재가 있는 임야·땅에 투자하고 매월 감당 가능한 금액의 대출이자를 갚으라고 조언하고 싶다.

40대라면 토지(전, 답, 임야 등)에 50%, 아파트(재건축, 재개발, 분양권 포함) 20%, 수익형 부동산 30%의 비율이 좋다. 토지는 물가상승률보다 상승 폭이 크다. 토지를 10년 보유하면 인삼이 되고, 20년 보유하면 산삼이 된다. 쉽게 말해 임야를 사서 산양삼 씨앗을 뿌려놓고 20년 후에 정년퇴직한 후 가보면 산양삼의 가치가 얼마가 돼있을까? 20년 된 산양삼, 귀한 약재가 돼있을 것이다. 토지 가치 상승분을 제외하고라도 산양삼 팔아서 노후생활 해도 된다. 힘들게 내가 캘 필요도 없이 요즘 유행하는 체험학습장으로 활용해 체험학습비를 받고 맘껏 캐가라고 해도 좋다.

50대라면 토지는 20%, 아파트 30%, 수익형 부동산 50% 비율이 좋다. 퇴직하면 먹고살 소득을 만들어놔야 하므로 50대는 수익형 부동산에 50%의 비중을 두는 것이다. 한 달 생활하려면 최소 300만 원 이상 필요하니 이 돈이 꼬박꼬박 나올 곳이 있으면 좋다. 수익률 10%로 계산했을 때 월 300만 원 수입을 얻으려면 투자금 2억 5,000

만 원이면 충분하다. 실제 나는 수익형 부동산에서 보통 20% 이상의 수익률을 올리고 있다. 그 과정은 뒤에서 자세히 설명하겠다.

실제 내가 투자한 수익형 부동산(원룸)

1. 7,800만 원 투자 – 월 120만 원 수입(연 19% 수익률)
2. 7,500만 원 투자 – 월 170만 원 수입(연 27% 수익률)
3. 8,100만 원 투자 – 월 140만 원 수입(연 21% 수익률)

부동산은 심리게임이다

부동산은 심리게임이다. 심리에 의해 가격이 움직이는 세계인 것이다. 만약 당신이라면 3억 원에 산 아파트를 2억 9,000만 원에 팔겠는가? 대부분 아까워서 팔지 못한다. 뻔히 손해 보기 때문이다. 그렇다면 2억 1,000만 원에 산 사람은 2억 5,000만 원에 팔 수 있을까? 충분히 팔 수 있다. 수익이 나기 때문이다.

지금 대다수 사람들은 매우 위험한 아파트 투자를 하고 있다. 만약 과거 1억 5,000만 원에 분양하던 아파트가 가격이 올라 현재 3억 원이 됐다고 보자. 내가 3억 원에 사려고 보니 앞에 1억 5,000만 원에 분양받은 사람이 200명이 있다. 나머지 100명은 손 바뀜이 됐는

데 뒤늦게 알고 보니 100명 중에 내가 제일 높은 가격에 산 것이다. 내 뒤에도 살 사람이 있을 줄 알았는데 결과적으로 아무도 그 이상의 가격에 사려 하지 않는다.

예측대로 되지 않을 때 감당할 자신 있는가?

분양권을 산 사람들이 많이 있다. 원래는 시세차익을 받고 전매하려던 분양권이었는데 팔리지 않자 계획을 바꿔 분양아파트를 전세 놓기로 했다. 전세를 놓으려니 이미 단지 내 전세물량이 많아 전세가가 매우 낮음에도 전세 계약이 이뤄지지 않는다. 다시 계획을 바꿔 기존에 살고 있던 집을 팔고 새 아파트로 들어가려니 집이 안 팔린다. 이때 기존에 1억 5,000만 원에 분양받아 살고 있던 집이었으면 2억 원에도 던지고 나올 수 있다. 시세보다 낮은 가격이지만 실제 5,000만 원은 벌었기에 손해는 아니다. 하지만 3억 원에 산 사람은 2억 원은 커녕 2억 9,000만 원에 팔기도 힘들다. 심각한 것이다. 즉, 먼저 팔고 나간 사람이 겉으로 보기엔 손해보고 판 것 같지만 실상은 그렇지 않다는 것이다. 난 그 가격에 팔지 못해 붙들고 있어야 하니 이래저래 손해가 막심하다.

실제 나도 투자 초기에 이런 경험을 많이 했다. 손해 보기 싫어서 가격이 회복될 때까지 8년을 기다렸다 판 아파트도 있다. 아파트는 한 번 물리면 절대 안 팔린다. 이런 경험이 많기에 2015년 9·16 정부대책 발표를 듣고 수도권 아파트를 모두 정리한 것이다. 그중 마지막 정리한 경기도 부천 원미구 ○○아파트가 기억에 남는다. 정부대책이 발표되자마자 아파트를 내놨는데 팔리지 않았다. 9월에 내놓은 아파트가 11월이 다 돼 가도록 매수 문의 자체가 전혀 없자, 중개사무소 소장님께서 전세로 내놓으면 어떻겠냐고 제안하셨다. 당시 매매가는 2억 6,000만 원, 전세가는 2억 2,000만 원이었다. 그렇게 하기로 한 후 며칠 지나지 않아 전세 계약하자는 소장님의 전화를 받았다. 나는 소장님께 계약할 임차인의 전화번호를 물어 임차인에게 직접 전화를 했다.

"○○아파트 소유주입니다. 전세 계약하신다고 들었습니다. 제가 이민을 가게 돼 다시 한국에 돌아온다는 기약이 없어요. 이참에 매매했으면 하는데요. 전세 금액으로 집을 매매할 테니 이번 기회에 집을 사시면 어떻겠습니까?"

"네? 그럼 저야 좋지요."

이렇게 세입자에게 집을 팔았다. 이후 집값이 더 올라 세입자가 운수대통이었지만 말이다. 어쨌든 이 집은 1억 6,500만 원에 사서 2억 2,000만 원에 팔았으니 남는 장사였다.

실거주는 내가 살아야 하는 물건이다. 이를 3억 원을 줬든, 5억 원을 줬든 나는 뭐라 하지 않는다. 하지만 실거주를 제외한 투자 물건은 무조건 2년 이상을 임대로 줘야 한다. 경매로 낙찰받지 않은 이상 바로 팔 수 있는 물건이 아니기 때문이다. 현 시세에 사서 일정 기간 가격상승을 보고 팔 생각으로 투자하는 물건이다. 하지만 2년 후,

또는 4년 후 내가 원하는 시기에 반드시 상승한 가격으로 팔 거란 보장이 없다. 이런 리스크를 예방하기 위해 세운 내 원칙은 이렇다.

1. 이미 만들어진 부동산은 투자 물건에 적합하지 않다.
2. 만들어진 부동산은 내가 원하는 적정가격까지 떨어지기 전에는 절대 사지 않는다.

그 지역 사람이 돼라

돈은 누구나 한계가 있다. 그 한계치에서 얼마만큼 가치가 높은 물건을 소유하느냐의 차이다. 사람들의 투자 모습을 보고 있노라면 너무 급하다는 생각이 든다. 말 한마디 듣고 가서 1억 원이 넘는 물건을 덜컥 산다. 오르면 다행이지만 떨어지면 어떻게 할 것인가! 잃은 돈은 오롯이 본인 손해로 누구도 책임져주지 않는다. 이들은 비싼 수업료를 치른 후에야 주먹구구식으로 투자하는 게 얼마나 위험천만한지 깨닫는다. 소 잃고 외양간 고치는 격이다.

나는 전국적으로 부동산을 매입한다. 토지, 수익형 부동산, 아파트 가리지 않고 전국적으로 투자한다. 단, 아파트는 대세 상승기 또는 대세 하락기에만 산다. 아파트에 투자하러 전국을 다닐 때 1채를 매입하지 않는다. 그 지역에 10채, 20채를 매입하는 식이다. 규모가 큰 만큼 제대로 골라야 함은 두말할 나위 없다. 1채 잘못 샀다면 1채만 손해 보면 되지만 10채, 20채 잘못 사면 소위 말하는 쪽박이 될수 있기 때문이다. 그렇다면 그 지역 아파트를 살지 말지, 산다면 그지역에서도 어느 아파트를 살지 고민해야 한다. 참고로 나는 부산에서 살기에 다른 지역은 모두 타지다. 원래 그곳에서 사는 사람이 그지역을 제일 잘 아는 법, 타지 사람은 가봐야 어디가 어딘지 감이 안잡히는 경우도 많다. 그렇다고 내가 살고 있는 부산 물건만 고집한다면 우물 안 개구리다. 시야를 넓혀 전국을 상대해야 돈 되는 물건을 많이 만날 수 있다.

부동산 투자의 기본은 미래가치 여부다. 미래가치란 장차 역세권, 교통망 개선, 학군, 산업단지 등이 들어오는 식으로 개발 호재가있는 곳이다. 이런 곳 중에서도 더 오르는 아파트가 있고, 덜 오르는아파트가 있다. 이는 내가 알아내야 한다. 더 오르는 아파트는 분명매매수요자, 전세수요자 등 찾는 이가 많은 아파트다. 찾는 이가 많다는 것은 그만큼 살기 편하단 뜻이다. 살기 편하다는 뜻은 역으로살아봐야 안다는 것이다. 그래서 나는 살아본다.

현지인처럼 되는 법

나는 임장(현장을 직접 찾아가서 살펴보는 일)을 갈 때 하루 둘러보고 돌아오는 방법은 하지 않는다. 아무리 호재가 있다 한들 그 지역물건을 살 때는 현지인처럼 됐다는 생각이 들 때, 내가 이 지역을 잘 안다고 여겨질 때 그제야 물건을 산다. 그 시간이 길어봐야 일주일이다.

현지인이 되는 방법은 간단하다. 나는 임장을 가면 유명한 식당에 가지 않는다. 아무도 없는 허름한 식당에 가서 밥을 먹는다. 허름한 식당이란 이미 오래전부터 이곳에서 장사하고 있었단 뜻이다. 손님이 없다 보니 식당 주인과 얘기를 나누다 보면 동네 정보가 술술 나온다. 주인도 마침 심심하던 터라 이런저런 얘기를 잘하신다. 주인이 정보를 많이 안다 싶으면 저녁에 다시 밥 먹으러 그 식당을 간다. 음식이 너무 맛있어서 또 왔다고 하면 주인도 좋아한다. 그럼 저녁에 또 얘길 나눈다. 이렇게 접근하면 많은 정보를 얻을 수 있다. 조금 과장을 보태면 누구 집에 숟가락이 몇 개 있나 하는 정도까지 세세하게 알 수 있다.

식당을 찾는 방법은 식당 간판이 오래돼 보이는 곳을 찾아가되 식당 주인이 연세가 있으신 분이어야 한다. 젊은 분이 운영하는 식당은 임장에 적합하지 않다.

식당을 찾는 경우가 또 있는데, 싼 물건이 계약 의뢰 들어온 경우다. 소개로 시세보다 가격이 저렴한 물건의 계약 의뢰가 들어온다 해도 바로 계약하지 않는다. 물론 싼 가격이므로 바로 계약해도 무방하지만 이렇게 싼 데는 무슨 이유가 있을 것을 짐작하고 그 동네 허름한 식당을 찾아간다. 식당 주인과 이런 얘기 저런 얘기 나누다 보면 그 집 사연이 나온다. 평상시 동네 주민들이 식당에 와서 밥을 먹으며 "철수네 집은 어떻게 됐다더라, 순희네 집은 어떻다더라" 하는 얘기를 다 하니 식당 주인이 그 동네 정보통이다. 여기서 소식을 접하고 그 물건이 왜 이렇게 싸게 나왔는지 미리 정보를 파악하는 것이다. 중개사무소가 말해주지 않아도 이미 사연을 알고 접근하니 협상의 우위를 점할 수 있다.

남들은 임장 온 김에 맛집을 찾아가는데 참으로 바보 같은 행동이다. 사람들로 붐비는 맛집에서 잠깐 맛있는 음식을 먹을진 몰라도 정보는 전혀 얻을 수 없다.

숙소를 정할 때도 마찬가지다. 시설이 좋은 숙박시설을 찾아가는 게 아닌 허름한 여인숙을 찾는다. 저녁에 잠깐 바람 쐬러 나왔다는 핑계로 로비 앞을 어슬렁거리며 주인에게 말을 붙인다. 손님이 없는 곳이기에 마침 심심했던 주인은 이런저런 얘길 늘어놓는다. 이렇게 정보를 얻는 것이다.

또한 임장에서 빼놓지 않는 일이 현지인이라 생각하고 직접 출·퇴근도 해보고, 마트도 가보고, 학교도 가본다. 이런 식으로 교통·문화·복지시설 등 장·단점을 철저히 파헤치고 조사해서 '아, 정말 살고 싶다' 하는 아파트만 골라 투자한다. 1채가 아닌 평균 10채 이상을 말이다. 실제 이렇게 저가에 투자해놓으면 2~4년 후 경기가 회복되며 투자자들이 몰려와 내 물건을 사가는 경우가 많다. 이렇게 한 템포만 미리 선점하고 들어가면 돈은 벌게 돼있다.

임장 가서 맛집 찾고 좋은 곳에서 잠을 자는 분들에게 묻고 싶다.

남들 하는 거 똑같이 누리려면 임장은 뭐 하러 갔는지. 차라리 집에서 중개사무소에 전화해보고 물건을 사면 될 텐데 말이다.

나는 누구에게 부동산을 배운 적이 없고 스스로 경험하고 터득한 바에 따라 움직이므로 소위 말하는 전문가들보다 한 걸음 빠름을 느낀다. 현장 돌아가는 상황이 피부에 느껴지기 때문이다. 남 따라가지 말고 남이 따라오게 만드는 것이 진정한 투자다

남 따라가지 마라

심리학에 '동조 현상'이라는 용어가 있다. '동조'란 많은 사람들이 하는 행동을 따라 하는 경우를 말한다. 동조는 도로를 무단 횡단하는 무리를 무심코 따라 하는 경우처럼 때로는 부정적이기도 하고, 차례로 줄을 선 경우 자신도 따라서 줄을 서는 경우처럼 때로는 긍정적이기도 하다. 생활에서 흔히 보는 동조 현상은 바겐세일이라 해서 충동구매하는 것, 유행에 휩쓸리는 것 등이 있다. 또 뉴스에서 투표율이 높을 것이라는 기사가 나오면 평소에 투표에 관심 없던 사람들도 이번에는 투표해야겠다고 생각하게 된다. 여론 조사 결과 특정 후보의 지지율이 높다는 기사가 나오면 부동층의 표가 그쪽으로 기운다.

이처럼 평소 자신의 판단과는 다른 판단을 내리거나 판단을 요구하는 어떤 상황에서 다른 사람과 비슷한 결론을 내리는 것을 동조 현상이라 한다. 이런 동조 현상의 원인은 크게 두 가지로 볼 수 있다.

첫째, 사람들은 애매한 상황에서 결정을 내려야 하는 경우 다른 사람의 결정을 참고하는 경향이 있다. 정보가 부족해 판단에 자신이 없을 때는 다른 사람의 판단에 동조하는 것이 심리적 안정감을 주기 때문이다.

오랜만에 친구를 만난 당신, 족발골목을 찾았다. 이 중 한 곳은 대기표를 받아야 할 만큼 줄이 길고, 그 옆 족발집은 한산하다. 사람들이 북적이는 족발집에 줄 서서 기다릴까? 한산한 족발집에 갈까 망설일 것이다. 결국 당신은 북적이는 족발집을 선택할 가능성이 크다.

둘째, 사람들은 어떤 집단의 의견이 자기 의견과 맞지 않더라도 따라가는 경향이 있다. '모난 돌이 정 맞는다'는 속담처럼 굳이 다른 의견을 내서 사회적인 압력이나 집단의 비난을 마주하는 걸 피하려 하기 때문이다. 평소에 짬뽕을 좋아하던 사람도 주위 사람들이 모두 자장면을 시키면 똑같이 자장면을 주문하는 것이 일상적인 예다.

동조 심리를 경계하라

동조 현상은 사람의 본능과 관련돼있다. 사람은 동물과 마찬가지로 생존을 위해 집단행동을 한다. 사람은 사회적 관계를 맺음으로써 위험을 피하거나 도움을 얻을 수 있기 때문이다. 사람은 자신의 행동이 옳은 것인지 판단할 때 타인을 참조한다. 이런 판단을 하는데 있어 다수의 선택은 개인의 선택보다 더 타당한 것으로 여겨진다. 따라서 사회적 동물인 인간에게 동조 현상이 나타나는 것은 어찌 보면 당연하다.

하지만 투자의 세계에서 경계해야 할 점이 바로 이 점이다. 일반 사람들은 투자를 결정할 때 주체적으로 판단하지 못하고 가족, 지인, 친구, 동료 등 주변 사람들의 말을 듣고 투자하거나 소위 말하는 전문가의 의견을 따라가는 경향이 있다. 흔히 동조 의식은 '너도 살고 나도 살고, 너도 죽고 나도 죽고'라고 여겨 손해 볼 것 없다고 생각하기 쉽지만 실제는 그렇지 않다. 동조의식 따라가다간 너는 살고 나는 죽는 경우가 비일비재한 게 현실이다. 따라서 투자할 때는 남 따라가지 말고 주체적으로 판단하는 것이 좋다.

내가 왕이 될 수 있는 곳의 부동산을 사라

일반인들이 투자하는 방식을 가만히 보고 있으면 비싸게 살 수밖에 없는 구조다. 가격이란 내가 깎을 수 있는 여지가 있어야 하는데 이미 사겠다고 덤비니 깎을 수 있는 여지가 없다.

"철수엄마, 내 친구 민수엄마가 몇 달 전에 재건축 ○○아파트를 샀는데 가격이 많이 올랐데. 우리도 거기 사볼까?"

→ 결과 : 민수엄마보다 비싸게 삼.

"영식아, 내가 이번에 투자한 ○○땅 많이 올랐어. 앞으로 더 오를 것 같은데 너도 한번 사볼래?"

→ 결과 : 영식은 친구보다 비싸게 삼.

"여러분, 제가 이번에 ○○동 ○○아파트에 투자했습니다. 여기 더 좋아집니다."

수강생들이 우르르 몰려가 호가를 높여놓는다. 강사가 산 가격은 2억 원, 수강생들이 사는 가격은 3억 원이다.

→ 결과 : 강사는 바로 팔아도 1억 원을 번다. 강사 따라갔는데 강사는 살고 나는 죽는 경우다.

잃지 않는 게임을 하라(청개구리 투자법)

나는 일반인들과 다른 방식으로 투자한다. 사람들이 잘된다는 곳, 오른다는 곳에 가서 보통 비싸게 사는 방식이라면 나는 안 된다는 곳으로 간다. 이곳은 투자자가 없기 때문에 내가 대장이다. 누누이 얘기하듯, 현재가치를 보지 말고 미래가치가 있는 곳에 투자하라. 미래가치는 있지만 현재는 별 볼 일 없어 사람들이 거들떠보지 않는 곳에 가면 내가 가격을 좌지우지할 수 있다. 이런 곳에도 급한 사연이 있는 물건은 있기 마련이기 때문이다. 곧 이민 가야 해서 급히 팔아야 한다거나, 급전을 마련해야 해서 지금 당장 팔 수밖에 없는 물건들이 있기 마련이다. 이를 내가 거둬들이는 것이다. 잃지 않은 부동산이란 간단하다. 남보다 싸게 사면된다. 부동산은 심리게임이라 가격은 사람이 만드는 것이다.

상승장에서 왜 가격이 오를까?

2억 원에 내놓은 아파트가 바로 2억 원에 팔린다면 그다음 사람은 2억 1,000만 원에 내놓는다. 이 가격에도 바로 팔린다면 그다음 사람은 2억 2,000만 원에 내놓는다. 이런 식으로 가격이 상승하는 것이다.

부동산 경기가 안 좋아질 때 가격 하락은 누가 주도하는지 아는가? 바로 싼 가격에 산 사람들이 주도하는 것이다.

과거 2억 2,000만 원에 산 사람은 2억 2,000만 원 미만으로 내놓을 수 없다. 손해이기 때문이다. 하지만 2억 원에 산 사람은 2억 원에 내놓을 수 있다. 따라서 2억 원 아파트 매물이 등장한다. 또한 1억 8,000만 원에 산 사람은 1억 9,000만 원에도 얼마든지 내놓을 수 있다. 이렇게 가격이 내려가는 것이다.

만약 부동산 경기가 나빠져서 아파트가 팔리지 않는다 해도 입주민 전체가 매물을 내놓지 않는다면 아파트 가격은 하락하지 않는다. 이런 경우 실거래는 없지만 호가는 유지된다. 하지만 이럴 가능성은 거의 없다. 집마다 사정이 있기에 빨리 팔아야 하는 사람들이 등장하기 때문이다. 이때, 그 사람이 과거 1억 5,000만 원에 아파트를 산 사람이라면 더욱 낮은 가격에 급매물을 내놓기 때문에 이런 매물을 사는 사람은 앉아서 돈을 번다. 내가 그 아파트에서 가장 낮은 가격으로 들어가기 때문에 향후 가격을 주도할 수 있다.

이런 것이 바로 잃지 않는 투자다. 나보다 싸게 산 사람이 없기에 더욱 싼 가격은 시장에 등장하지 않는다. 내가 가장 고점에 아파트를 샀다면 다들 나보다 싸게 샀기에 나보다 싸게 집을 내놓는다. 사자마자 손해 보는 행동을 한 것이다. 그런데도 많은 사람들이 이런 행동을 하고 있다. 물론 살 때는 그게 고점인 줄 몰랐을 것이다. 더 오를 것을 예상하고 그 가격을 치렀지만 결과적으로 나보다 더 높은 가격에 살 사람이 등장하지 않음으로써 내가 막차를 탄 것이다.

바닥에 사서 어깨에 팔아라

사람들은 다들 중심지에 살고 싶어 한다. 직장이 서울이라면 서울에 살면서 출·퇴근하길 원한다. 공급은 한정되는데 수요는 많으니 서울 집값이 비싼 것이다. 솔직히 서울에 살기 싫은 사람은 없다. 비싸서 못 사니 인근 도시에 사는 것이다. 어느 지역이든 마찬가지다. 직장이 부산이라면 부산의 가장 핫한 지역의 랜드마크 아파트에 살고 싶을 것이다. 그렇다면 저렴하게 이 아파트를 살 수 있는 방법이 뭘까?

부동산은 계속해서 상승하지도, 계속해서 하락하지도 않는다. 지속적인 상승에는 부동산 억제정책을, 지속적 하락에는 부동산 완화정책을 쓰기에 파동을 그리면서 순환한다. 부동산 시장은 경제와 직결되므로 부동산 시장이 안정돼야 경제가 안정되기에 부동산 시장에 정부의 촉각이 예민해질 수밖에 없다.

상승세에 아파트에 진입한다는 것은 위험부담이 크다. 물론 더 상승할 수 있지만 자칫 내가 산 가격이 제일 고점일 가능성이 크기 때문이다. 따라서 하락장에 들어가는 것이 안전하다. 과거 거래분석을 통해 나보다 더 낮게 산 사람이 없을 때 들어가면 손해 보지 않는다.

타이밍을 놓치지 말라

'무릎에 사서 어깨에 팔아라'라는 말을 많이 들어봤을 것이다. 물론 맞는 말이다. 사람 심리는 바닥에 사서 머리끝에 팔고 싶겠지만 투자란 욕심을 버리는 것 또한 중요하다. 누구나 바닥이라고 느끼면 매물이 적다. 반등할 일만 남았기 때문이다. 또한 누구나 머리끝이라고 느끼면 매물이 쏟아진다. 따라서 나는 바닥에 사기 위해 무릎 시기부터 급한 사연 있는 물건을 찾는다. 이러면 바닥 가격에 살 수 있다. 누군가가 내 물건을 살 때는 그 사람 또한 매수가격보다 더 오를 가능성을 염두에 두고 사므로 까치밥을 남긴다는 심정으로 적당한 시기에 팔고 나오는 게 좋다. 끝까지 먹겠다고 버티다간 타이밍을 놓칠 수 있다. 즉 욕심을 버려야 살 타이밍과 팔 타이밍을 놓치지 않는다. 참고로 내 아파트 투자 목표 수익률(월세 투자 제외)은 양도세 24%(~8,800만 원)까지가 상한이다. 그 이상 양도차익은 세율 구간이 35~42%까지 높아지니 굳이 욕심내지 않는다.

고수익은 만들어가는 부동산에서 나온다

나는 만들어진 부동산보다 만들어가는 부동산을 선호한다. 이 글을 쓰는 현재도 다가구주택 5개 동을 대공사 하기 위해 20명이 넘는 인부가 투입돼있다. 현장이 약간의 거리를 두고 500m 반경 안에 자리 잡고 있어 낮엔 5곳의 현장을 살피느라 정신없는 하루를 보내고 있다. 집으로 돌아와 밤에 책을 집필하느라 앉아 있으면 눈꺼풀이 무거울 때가 한두 번이 아니다. 진즉에 책을 내려고 했지만 출간 시기가 뒤로 밀린 이유도 이렇다. 나는 현장에서 발로 뛰는 사람이기 때문이다.

사람들은 대부분 아파트 투자를 한다

사람들은 대부분 아파트 투자를 한다. 여기서 말하는 아파트 투자란 단순히 매매뿐 아니라 재개발, 재건축, 분양권, 전매 등 아파트라는 종목에 투자하는 모든 것을 말한다. 이 책을 읽는 독자 중 현재 아파트에 투자해놓은 분들도 많을 것이며, 아직 부동산 투자 경험이 없는 분들도 앞으로 처음 경험하는 투자가 아파트일 가능성이 크다. 그만큼 아파트는 친숙하고 쉽다고 여기기 때문이다. 또한 그만큼 대중적인 투자다 보니 이 분야를 강의하는 강사님 또한 많은 게 사실이다.

나는 20년 동안 모든 부동산 분야를 아우르며 투자했지만 아파트 투자는 그다지 좋아하지 않는다. 그렇다고 아파트 투자를 전혀 하지 않는 것은 아니다. 내가 아파트 투자를 하는 시기는 대세 상승기 또는 대세 하락기다. 그 외엔 아파트 투자를 하지 않는다. 나는 정부 정책, 개발 호재 등에 따라 다양한 부동산 포트폴리오를 짠다. 이 포트폴리오에 따라 토지를 살 때도, 수익형 부동산을 살 때도 있다.

내가 어떤 방식으로 투자하는지, 만들어가는 부동산이란 무엇인지 뒤에서 자세히 기술하겠다.

카지노와 부동산은 닮은꼴이다

일부 사람은 돈을 따고 많은 사람은 돈을 잃는 카지노. 분명 처음에 입장은 같이했는데 왜 결과가 다를까? 희비가 교차하는 카지노에서 승률을 높이는 방법은 뭘까? 바로 적당할 때 일어나는 것이다.

처음 100만 원으로 시작한 게임이 잘 돼 200만 원을 벌었다고 보자. 운이 좋을 것으로 예상한 손님은 300만 원, 400만 원 계속 배팅하게 된다. 사람들은 대개 자기 자신이 특별하다고 생각한다. 남들이 다 잃더라도 나만은 딸 것이라는 근거 없는 낙관주의가 팽배해지는 순간, 결국 아침이 되면 울면서 나온다. 만약 이 사람이 200만 원을 벌었을 때 자리를 털고 일어섰다면 오늘 이긴 게임을 한 것이다. 결국 더 많이 따겠다는 과욕이 부른 참사다. 부동산도 마찬가지다. 적당한 때가 되면 손 털고 나와야 한다.

나는 일 년에 평균 30개의 부동산을 사고판다(참고로 2012년도에 서울에 투자한 아파트를 2015년에 모조리 팔았다). 아파트 투자는 아무리 대세 상승기라 해도 일 년에 8,800만 원 이상 수익을 남기지 않는다. 정부와 공동투자하기 싫어서다. 8,800만 원을 초과하면 35% 이상의 세율이 부과되니 지방소득세까지 감안하면 40%에 육박하는 세금을 내야 하기 때문이다. 이 또한 양도차익이 클수록 46%(지방소득세 포함)에 달하는 높은 세율이 부과된다. 비과세 요건에 부합하는 1세대 1주택을 제외하곤 정해진 세율에 맞게 무조건 양도소득세를 내야 하므로 돈 한 푼 내지 않은 정부와 투자 수익금을 나누는 꼴이다. 하지만 아파트 외 다른 부동산은 개발수익이 소유자에게 갈 수 있는 길을 열어놨다. 8년 재촌·자경하면 양도소득세 면제를 해주는 농지가 대표적 예다. 수익형 부동산 또한 마찬가지다. 월세를 받다가 매매로 전환하기에 수익률이 아파트보다 훨씬 높다.

부동산 하락기가 될 것이다, 신DTI, 대출규제, 금리 인상 등 쏟아지는 각종 규제에 걱정되는 투자자들이 많을 것이다. 하지만 이를 역으로 생각하면 투자하기 좋은 시기가 오고 있다. 나는 대세 상승기보단 대세 하락기를 좋아한다. 대세 하락기 때는 많은 물건을 매입하는데 대세 상승기가 됐다고 해서 무조건 붙들고 있는 것이 아닌 적당히 이익 내고 빠지는 전략을 구사한다.

어찌 넓게 보지 못하는가?

부동산에는 아파트, 토지(농지, 임야, 대지 등), 수익형 부동산(다가구, 원룸 오피스텔 등), 상가, 특수물건(모텔, 게스트하우스, 오토캠핑장 등) 같이 다양한 종류의 물건들이 존재한다. 이들의 거래 방식은 매매, 교환, 경매(공매)로 나눠볼 수 있다. 이처럼 부동산 종류도 많고 거래 방식도 다양한데 대부분 사람들은 아파트 매매(재건축, 재개발, 분양권, 전매 등)만 바라보고 있다.

군맹무상(群盲撫象)

맹인 여럿이 코끼리를 만진다는 뜻으로, 좁은 소견과 주관으로 사물을 잘못 판단함을 이르는 말이다. 아파트는 부동산의 한 분야일 뿐인데 숲을 보지 못하고 나무를 숲이라 착각하고 있으니 답답하단 생각이 든다.

솔직히 아파트 투자는 너무 쉽다. 정부에서 신호를 보내기 때문이다. 정부를 좋아하든 싫어하든 아파트 투자는 정부를 믿고 가야 한다. 정부를 믿지 않으면 손해가 크다. 정부는 수요와 공급의 논리를 적용해 수요가 적으면 공급을 늘린다. 과잉공급으로 인해 미분양이 속출하면 완화정책을 쓴다. 완화정책을 한 번만 쓰면 완화되지 않는다. 완화정책을 쓰면 집값이 올라갈 때까지 완화정책을 계속 쓰게 돼있다.

집값이 오른 이유

2012년 10월, 연일 뉴스에서 2기 신도시 집값 하락으로 인한 사건·사고를 논하게 되자 박근혜 정부는 경기부양책을 쓰기 시작했다. 금리인하를 시작으로 DTI를 완화했다. 이 중 가장 큰 이슈는 전세자금 대출이다. 물론 그 이전에도 전세자금 대출제도는 존재했지만 실질적으로 많은 도움을 주진 못했다. 그 이유는 대출비율이 높지 않아서다. 최고 50% 정도까지만 대출을 실행하는 금융기관이 많아 최소한 내 돈을 50% 확보한 후 나머지를 대출을 받아야 했기에 실질적으로 임차인의 보증금 마련 부담이 컸다. 또한 임대인과 같이 대출기관을 방문해야 하는 불편함이 있어 임대인(소유자)이 꺼렸다. 따라서 임차인이 대출을 받기 위해서는 전세권을 설정하고 전세권질권 대출을 받아야 하는데 이 또한 소유자가 전세권 설정을 꺼리는 경우가 많아 실제로 전세자금 대출을 받기 힘들었다. 이런 이유로 전세자금 대출을 받기보다 보증금이 값싼 동네를 찾아 옮기는 임차인들이 많았다. 이러다 보니 거주 환경이 떨어지는 곳의 단독주택, 다가구주택, 다세대주택까지도 임차인들로 채워지고 있었다.

2013년 3월 26일, 박근혜 정부가 아무런 조건 없이 80%까지 전세자금 대출을 실행하자 임차인에게 큰 변화의 바람이 일었다. 많은 대출이 실행되다 보니 내 자금이 많지 않아도 아파트에서 전세를 살 수 있게 된 것이다. 물론 이자 비용은 발생하지만 이 또한 저금리로 대출해주니 실질적으로 큰 부담으로 와닿지 않았다. 임차인의 아파트 이동이 본격화되니 수요증가로 공급이 부족한 사태가 왔고 이는 아파트 가격상승으로 직결됐다. 이렇게 시작한 서울의 아파트값 상승은 2017년까지도 계속됐다.

일명 '매전갭' 투자로 2012년부터 사들인 서울 및 수도권의 아파트를 2015년 11월을 마지막으로 다 팔아 정리했다. 지금 돌이켜 보면 너무 빨리 팔았다는 아쉬움이 들기도 한다. 하지만 이때 팔 수밖에 없었던 이유가 정부의 신호였다. 아파트는 한 번 안 팔리기 시작하면 아무리 싸게 내놔도 팔리지 않는다. 실제 나는 이런 경험을 숱하게 해본 사람으로, 한 템포 놓치면 바로 거래절벽이 현실로 다가옴을 잘 알고 있다. 그래서 2015년 정부의 신호를 보고 얼른 집을 내놓은 것인데 결과적으로 좀 서둘러 내놨다는 아쉬움이 든다. 하지만 후회는 없다. 이미 원하는 수익을 벌었기 때문이다.

2015년 9·16대책에 1금융의 DSR을 적용, 소득 대비 대출을 해주겠다는 발표를 했다. 또한 간주임대료를 적용해 소득세를 부과하겠다고 발표했다. 그동안 아파트값이 너무 많이 올랐으니 규제하겠다는 신호다. 실제 난 이 정책 발표를 보고 집을 팔았는데 이후 DSR 적용이 유보되고 간주임대료 소득세 부과는 2018년 12월 31일까지 연기됐다. 또한 DSR 적용을 1금융권만 규제하고 2, 3금융권은 풀어줘 투자자들의 돌파구를 마련했기에 실질적으로 집값을 규제하는 데 미흡함이 있었다. 그런 와중에 서울의 재건축, 재개발이 붐이 일며 가격상승에 일조했다.

이 와중에 아파트 투자를 하는가?

지금 정부에서는 아파트 가격을 규제하겠다는 신호를 계속 보내고 있다. 이런 와중에도 대다수 사람들은 아파트밖에 모르기 때문에 아파트 투자만 하는 우를 범하고 있어 안타깝기 그지없다. 그렇다면 손 놓고 기다려야 하는가? 그렇지 않다. 또 다른 아파트에 투자할 시대가 오고 있다. 지금은 현금을 들고 있는 사람이 힘 있는 시대다.

현재 '아파트 후분양제'가 슬슬 고개를 들고 있다. 만약 후분양이 실행되지 않는다 하더라도 지금 정부는 아파트 PF대출을 규제하며 건설자금 대출을 억제하고 중도금대출을 규제하고 있다.

2006년도에 몇 개의 건설사가 부도났는지 아는가? 이때 실행한 정부정책은 은행 PF자금 규제한 것 딱 하나다. 그럼에도 불구하고 무려 37개의 건설사가 부도났다. 신일, 성원, 우방, 신성건설 등 익히 알고 있는 대형 건설사들이 이 시기에 줄줄이 도산했다.

현재 정부는 건설사의 PF자금만 규제한 것이 아닌 신DTI, DSR 등으로 투자자의 자금까지 규제하고 있다. 게다가 후분양제까지 슬슬 고개를 드는 마당이다. 이런 규제로 아파트 분양이 제대로 이뤄지지 않는다고 가정하면 그게 어디로 나오겠는가?

실제 나는 2012년도에 시흥의 ㅇㅇ아파트를 65% 할인 분양받았고 이후에도 2014년까지 20~60% 할인 분양받은 아파트가 꽤 있다. 지금 현재 부산의 핫한 서부산권역의 ㅇㅇ아파트도 65% 할인 분양받았다. 이렇게 정부가 규제를 많이 할수록 필연적으로 미분양 물량이 쌓이게 되고 건설사는 자구책으로 할인 분양해 털어내게 돼있다. 이 할인 물건을 확보하면 아파트 시장에서 무조건 이기는 게임을 할 수 있다.

이해가 쉽도록 예를 들어 보자. 분양가 3억 원인 300세대 아파트

중 250세대가 분양됐다고 보자. 그럼 나머지 미분양된 50세대 아파트는 할인 분양으로 털어낸다. 할인율은 지역, 시행사, 매수자의 협상 능력에 따라 다르므로 일률적이지 않다. 여기서는 30% 할인분양으로 가정해보자. 미분양 50세대는 2억 1,000만 원에 사들이게 된다.

아파트 상승기라면 분양가인 3억 원 이상으로 거래가 될 테니 할인 분양받은 사람들은 더욱 큰 이익을 취할 수 있다. 아파트 하락기라면 분양가보다 가격이 떨어질 것이다. 하지만 기존 3억 원에 분양받은 사람들은 손해를 감수하며 저가에 내놓질 못한다. 매우 급하다면 큰맘 먹고 2억 8,000~2억 9,000만 원에 내놓을 것이다. 하지만 이때 기존 할인 분양받은 사람이 2억 7,000만 원에 내놓는다면 기존 분양자 물건보다 빨리 팔릴 것이다. 하락기에도 6,000만 원이나 이익을 보면서 쉽게 물건을 털어낼 수 있는 것이다

알아두면 좋은 부동산 상식

PF대출이란?

PF는 Project Financing의 약자로, 프로젝트 자체의 경제성을 보고 돈을 대출해주는 금융기법이다. 이는 담보물의 가치를 보고 대출을 실행하는 담보대출, 신용에 따라 대출을 실행하는 신용대출과 차이점이다.

PF대출은 특정 프로젝트의 사업성(수익성)을 평가해 돈을 빌려주고 사업이 진행되면서 얻어지는 수익금으로 자금을 되돌려 받는다. 주로 사회 경제적 재산성을 가지고 있는 부동산 개발 관련 사업에서 PF대출이 이뤄진다. 부동산 개발을 전제로 한 토지매입 자금대출, 수분양자 중도금대출, 공정률에 따라 자금을

대출하는 기성고 대출, 사업부지 매입 및 해당 사업부지 개발에 소요되는 대출 등이 이에 포함된다.

따라서 PF자금 대출을 규제하면 자금순환이 원활하지 않아 건설사는 매우 어려움을 겪는다.

LTV, DTI, 신(新) DTI, DSR 이란?

이 용어들의 공통점은 은행이 대출을 실행할 때 적용하는 비율이다. 예를 들어 매매가격 5억 원의 아파트가 있는 경우 LTV, DTI, DSR에 따라 대출을 받을 수도 받지 못할 수도 있다. 은행은 무조건 집을 소유하고 있다고 돈을 빌려주지 않는다. 은행의 근본 수입은 대출이자다. 따라서 원리금을 잘 상환할 수 있는지를 살펴 대출이 실행되므로 주부, 은퇴자, 무직자 등은 주택을 소유하고 있어도 실질적으로 높은 금액의 대출받기가 쉽지 않다. 이런 경우 차주(대출을 받는 채무자)의 명의를 고정 수입이 있는 가족(남편 등) 명의로 대출을 실행하기도 한다.

LTV란 Loan To Value ratio의 약자로 '주택담보대출비율'을 말한다. 예를 들어 LTV가 60%인 지역은 매매가격의 60%까지 대출이 이뤄진다는 뜻이다.

DTI란 Debt To Income ratio의 약자로 '총부채상환비율'을 말한다. 예를 들어 해당 지역의 DTI 60%라면 연간 총소득에서 주택담보대출의 연간 원리금 상환액과 기타 부채의 연간 이자 상환액을 합한 금액이 60% 이하여야 한다는 뜻이다. 다시 말해 LTV처럼 주택 가격에 비례해 대출을 해주는 것이 아니라, 돈을 얼마나 잘 갚을 수 있는지를 따져 대출 한도를 정한다는 뜻으로 주택 구입 시 LTV, DTI를 모두 충족해야 한다.

* 실수요 목적이 아닌 투자 목적 주택담보대출(두 번째 주택담보대출)에 대한 LTV·DTI 규제비율 10%p 하향 조정됨.

신(新) DTI는 기존 DTI(신규 주택담보대출 원리금+기존 주택담보대출 이자)를 개선한 것으로 주택담보대출을 2건 이상 보유한 차주의 경우 주택담보대출 원리금을 모두 반영하는 것이다. 또한 두 번째 주택담보대출부터 만기를 15년(DTI 비율 산정 시에만 적용, 실제 상환 기간은 15년 초과 가능)으로 제한해 신DTI를 적용하므로 대출 가능 금액이 더욱 제한된다. 신DTI는 2018년 1월 1일부터 수도권(서울,

인천, 경기)과 조정대상지역에서 시행된다.

DSR은 Debt Service Ratio의 약자로 '총부채원리금상환비율'이다. DSR은 DTI와 유사하지만 다르므로 구분해서 알고 있어야 한다.

DTI는 총소득에서 부채의 연간 원리금 상환액이 차지하는 비율이다. DTI가 '주택담보대출의 연간 원리금상환액'과 함께 '기타 부채의 연간 이자상환액 기준'으로 대출가능금액을 산출하는 반면, DSR은 '주택담보대출의 연간 원리금상환액'에 추가하여 '기타 부채의 연간 원리금상환액 기준'으로 대출 가능 금액을 산출하는 것이다. 즉, DSR은 DTI에는 없는 신용카드 할부금이나 자동차 할부금, 마이너스통장 대출 등도 보는 것이다. 따라서 DSR로 심사기준을 정하면 소득 대비 부채 수준이 DTI보다 더 높아져서 대출받을 수 있는 총액은 줄어들게 된다. 개인의 실질적인 부채부담과 상환능력을 측정하는 것이다.

DSR에 마이너스 통장의 한도를 모두 반영하면 상환능력 측정이 왜곡될 수 있다. 마이너스 통장은 1년마다 계약을 연장하는 구조지만 사실상 전액 상환이 이뤄지지 않는다. 또한 한도의 일부만 사용하거나 개설해놓고 사용하지 않는 이용자도 있기 때문이다.

DSR은 2018년 1월부터 은행권을 시범 운용한 후 2018년 하반기부터 제2금융권으로 확대해갈 계획이다.

	新DTI(Debt To Income)	DSR(Debt Service Ratio)
명칭	총부채상환비율	총체적 상환능력비율
산정방식	모든 주담대 원리금상환액 +기타 대출 이자상환액 / 연간소득	모든 대출 원리금상환액 / 연간 소득
활용방식	대출 심사 시 규제비율로 활용	금융회사 여신관리 과정에서 다양한 활용방안 마련 예정

돈을 잃어본 사람이 돈을 번다

부동산 투자에서 돈을 잃어봤다는 건 손해를 봤다는 것이다. 이 경험은 부동산 투자에서 정말 중요한 자산이다. 다른 책이나 강의를 통해 부동산 투자할 때 뭘 조심하라, 뭘 조심하라 이런 말 많이 들었을 것이다. 하지만 이 말이 마이동풍처럼 귀를 스쳐 지나가는 사람도 많다. 내가 경험해보지 않았기에 전적으로 공감이 가지 않는 것이다.

부동산 투자는 전적으로 자신의 책임이다. 소중한 내 돈을 투자하는 것이므로 잃어도 내 탓, 벌어도 내 탓이다. 솔직히 돈을 잃는 것을 누가 좋아할 사람은 없지만 적은 돈을 잃어보는 경험은 매우 중요하다고 본다. 솔직히 가장 위험한 사람이 몇 차례 투자로 돈을 벌어만 본 사람이다. 물론 치밀한 데이터와 정책 분석들을 통해 매입한 부동산으로 수익을 남겼다면 칭찬할 일이지만 막연히 샀던 부동산으로 우연히 돈을 벌었다면 이는 결과적으로 행운이 아닐 수도 있다.

영화 '타짜'의 도박세계를 봐도 그렇다. 타짜들이 상대방의 돈을 갈취할 때 쓰는 가장 흔한 방법이 처음 몇 차례 일부러 져주는 것이다. 돈을 딴 상대방을 자아도취에 빠지게 하면서 판돈을 키우게 되고 결국 마지막 한 방에 앗아가는 것이다.

부동산도 마찬가지다. 잃어본 사람은 신중해진다. '내가 이걸 몰라서 잃었구나. 이렇게 하니 잃었구나' 비록 값비싼 수업료를 낸 셈이지만 결과적으로 더 큰 이익으로 돌아오는 경우가 많다. 1억 원을 잃어본 사람은 회복하기가 쉽다. 그러나 10억 원을 잃으면 회복하기가 쉽지는 않다. 그래서 적은 돈을 잃어보는 경험은 소중하다.

만약 아직 돈을 잃어보지 않은 사람들은 절대 자만하지 말라. 부동산 투자는 도박과 같아서 벌어본 사람은 이 세계를 떠나지 않는다. 더 벌고 싶은 욕심이 있기 때문이다. 철저한 실력으로 벌었는지, 우연의 일치로 돈을 벌었는지는 자신이 더 잘 알 것이다. 철저한 실력이 바탕이라면 칭찬하고 격려하지만 우연의 일치라면 겸손하고 공부를 더 하길 바란다. 이제껏 번 거 한 방에 날리기 싫으면 말이다.

알아두면 좋은 부동산 상식

부자들의 5가지 성공법칙

1. 돈의 흐름을 읽는다
물고기가 없는 곳에서 낚시하면 고기를 잡을 수 없다. 시스템을 갖춰 올바른 성공법칙을 따라야 한다.

2. 돈 그릇을 크게 만들어라
자신의 그릇의 크기를 정확하게 이해하는 태도가 중요하다. 자기 자신을 이해하고 서서히 그릇을 크게 만들어 나가라.

3. 자기관리가 철저하다
자기관리를 못 하는 사람은 다른 사람도 관리하지 못한다.

4. 자신이 좋아하는 일을 한다
평안감사도 제가 싫으면 그만이다. 말을 물가에 끌고 갈 수 있어도 물은 말이 마셔야 하듯 자신이 스스로 좋아하는 일을 해야 성취도가 높다.

5. 많은 사람들과 좋은 관계를 유지한다
성공의 85%는 인간관계에 달려 있다. 사람들과 좋은 관계를 맺는 능력이 성공을 가져온다.

Part 5

소자본으로 꼬박꼬박 높은 월세 받는 방법

적은 돈으로 얼마든지
월세부자가 될 수 있다

50대가 넘으면 수익형 부동산에 투자 비중을 높여야 한다. 은퇴 이후 매달 안정적인 생활비를 마련하려면 수익형 부동산 만한 게 없기 때문이다.

수익형 부동산이란 상가, 오피스텔, 원룸, 다가구주택 등 주기적으로 임대수익을 얻을 수 있는 부동산을 말한다. 사람들은 이미 만들어진 수익형 부동산을 사는 경우가 많다. 상가, 오피스텔을 분양받거나 혹은 기존의 수익형 부동산을 매매하는 방식이다. 일반적으로 상가 수익률은 5% 내외다. 한 달에 500만 원의 월세가 나오게 하려면 최소 10억 원 이상의 상가를 가져야만 한다. 사람들에게 질문해보면 노후에 한 달에 500~1,000만 원의 월세가 다달이 들어왔으면 좋겠다고 한다. 그렇다면 내 자본이 10~20억 원이 필요하다. 대출을 받지 않고 말이다. 대출받으면 대출이자가 나가니 수익률이 떨어질 것 아닌가.

자, 월 500~1,000만 원씩 들어오길 원한 여러분은 지금 10~20억 원의 자본이 있는가? 그런데, 이 돈이 없는 사람은 높은 월세 받는 건 꿈도 꾸지 말아야 할까? 그렇지 않다. 월 500~1,000만 원의 수익을 얻는 데 이렇게 큰돈은 필요하지 않다. 앞서 언급한 10년 된 24평 산업단지 아파트에 투자한 것처럼 대출받아 한 채당 1,000만 원으로 30채를 매수하면 투자금 3억 원으로 690만 원의 월세를 받을 수 있다. 이처럼 소자본으로도 얼마든지 월세수익을 실현할 수 있다. 또한, 만들어진 부동산이 아닌 내가 부동산을 만들면 월세부자 꿈은 곧 실현된다. 실제 내가 보유하고 있는 수익형 부동산은 대부분 20%의 수익률이 넘는다.

만들어진 부동산을 사는 건 투자가 아니다. 만들어진 부동산은 만든 주체인 건축주가 이익을 다 가져가는 구조로, 소비자에게 적정한 수익률만을 만들어주니 바가지를 쓰고 사는 격이다. 또한, 만들어진 부동산은 누구나 살 수 있으므로 투자 수익이 낮다. 따라서 만들어진 부동산은 내가 실거주할 곳만 사고, 나머지는 내가 만들어가는 부동산에 투자해야 성공할 수 있다.

1,000만 원 투자, 360만 원 월세 받다

▲ 매입한 다가구주택(원룸)

이 다가구주택(원룸)은 2015년 9월에 매입한 건물이다. 원룸 12
개로 형성된 이 건물은 하나의 원룸 면적이 전용면적 12평이다. 원
룸치고는 상당히 큰 면적이다. 실제 12개 원룸은 모두 미니 투룸 형
태다. 미니 투룸이란, 방과 주방이 분리된 형태를 말한다. 현관을 들
어서면 거실 겸 주방이 있고 이와 분리된 방이 있는 형태가 미니 투
룸으로 원룸보다 넓고 쾌적해 인기가 높다.

▲ 미니 투룸 vs 원룸

　포항 포스코와 도보 10분 거리에 위치한 이 지역은 포스코 직원들의 수요로 항상 빈방이 부족할 정도였다. 방 하나가 보증금 300만 원/월 45만 원씩 임대 나갈 정도로 항상 수요가 넘쳤다. 그러다 포스코가 4교대를 2교대로 전환하며 6,000명 감원을 하게 됐다. 이로 인해 수요가 일부 감소해 내가 건물을 인수할 때는 월세 35만 원으로 8개 방이 임대 중이었고 공실이 4개 있었다.

　내가 매입한 건물가격은 2억 9,000만 원. 하지만 이런 건물을 3억 원도 안 되는 가격으로 사기란 불가능하다. 이는 다운계약서를 쓴 게 아닌, 실제 매입한 비용이 2억 9,000만 원이다. 나는 모든 계약에서 다운계약서를 쓰지도, 업계약서를 쓰지도 않는다. 워낙 많은 부동산 거래를 하다 보니 만약 하나의 계약서가 잘못 된다면 다른 계약들도 피해를 보기 때문이다. 이를 미리 방지하기 위해 거래금액을 투명하게 적는다.

부동산(다가구주택) 매매 계약서

▲ 2억 9,000만 원의 매매계약서

　그렇다면 실제 이 건물의 가치가 2억 9,000만 원일까? 그렇지 않다. 지은 지 7년 된 이 건물의 원가를 따져보면 바로 알 수 있다.

　매매계약서를 보면 알 수 있듯 토지면적 221㎡(약 67평), 건물면적 390㎡(약 118평)다. 토지시세는 평당 350만 원으로 2억 3,500만원 정도, 건물은 7년 전에 지었으니 7년 전 건축비 평당 250만 원으로 환산하면 건축비는 약 3억 원. 합이 5억 3,500만 원 정도 나온다. 물론 지금 지으려면 이보다 훨씬 높은 비용이 든다. 실제 은행 감정평가사는 이 건물을 6억 2,000만 원으로 감정했다.

　6억 원가량 되는 건물을 어떻게 2억 9,000만 원에 살 수 있었을까? 과연 이게 가능할까에 대해 의심이 드는 게 당연하다. 하지만 난 건물을 이렇게 헐값에 산 경우가 많다. 누누이 얘기했듯 매도자가 급하면 매수자가 우위에 있고, 매수자가 급하면 매도자가 우위에 있다. 심리적으로 급한 사람이 지게 돼 있는 게 부동산 시장이다.

이 건물의 원소유자는 50대 여성분이었다. 7년 전 이 건물을 지을 당시 남편은 경주에서 4명의 직원과 함께 현대자동차 협력업체 3차 밴드를 운영하는 분이었다. 원룸에서 다달이 나오는 월세로 생활비를 충분히 감당하자 남편은 사업에만 전념할 수 있었고, 7년 만에 직원 80여 명의 1차 밴드 업체로 성장시킬 수 있었다. 이렇게 남편의 사업이 커지면서 직원들 월급, 복지 등에 많은 비용이 소요됐다. 그 과정에서 빠지는 비용들이 보이자 체계적으로 회계를 관리할 필요성을 느낀 남편은 아내를 호출했다. 아내의 전직이 회계사무소 사무장이었기 회계에 능했기 때문이다. 남편 입장에서는 원룸관리보다 회사관리가 더욱 시급했다. 아내는 포항에서 원룸을 청소·관리·유지하면서 경주에 있는 남편의 사업장까지 오갈 수 있는 처지가 아닌 터라 이 원룸 건물을 처분해야 했다. 이렇게 원룸이 중개사무소에 매물로 나오게 됐다.

중개사무소를 통해 처음 이 물건을 접했지만, 이 건물이 처음부터 나와 인연이 있었던 것은 아니다. 원래 다른 원룸 건물을 보려고 중개사무소에 찾았다가 우연히 이 건물이 매물로 나온 것을 본 것이다. 그때 매도가가 4억 5,000만 원이었다. 의문이 들었다. 결코, 4억 5,000만 원에 나올 매물이 아니었기 때문이다. 왜 이렇게 싸게 나왔을까? 시작은 여기서부터였다.

중개사무소를 통해 건물을 보러 가서 소유자인 여성분을 만날 수 있었다. 건물이 좋다는 통상적인 인사를 붙인 후 왜 이렇게 건물을 내놓으셨는지 넌지시 물었다.

"아이고, 말도 마요. 우리 남편이 어찌나 빨리 팔고 오라고 하는지…."

이렇게 시작한 아주머니의 얘기는 7년 전 이 건물을 지을 당시부터 현재 남편 사업이 크게 성장해서 회계를 봐줘야 한다는 얘기까지 줄줄 나왔다.

결론이 났다. 이 건물을 꼭 내 것으로 만들고 싶었다. 급한 사연을 들었으니 이미 내 것이 된 것이나 다름없었다. 하지만 헐값에 사야 한다. 그렇다면 방법이 무엇일까?

건물 인근을 쭉 둘러봤다. 그 지역에 5개의 중개사무소가 있었다. 그렇다면 이 5개의 중개사무소에서 건물을 팔아주지 않는다면 이 건물은 내 것이 될 수 있다. 중개사무소는 전속 중개가 아닌 이상 매도의뢰를 받았다고 무조건 건물을 팔아줘야 할 의무가 있는 것이 아니다. 하지만 매매계약이 성사되면 수수료를 받을 수 있으므로 계약이 성사되도록 노력하는 게 사실이다. 어떻게 해야 중개사무소에서 다른 손님들께 물건을 보여주지 않을까? 고민을 거듭한 끝에 딱 한 가지 비법이 생각났다. 결론적으로 중개사무소 소장님들이 나를 도와주면 된다.

중개사무소를 찾아가 자초지종을 말씀드리자 소장님들도 흔쾌히 도와주셨다. 내가 소장님들께 부탁한 것은 딱 하나다. 이미 팔린

물건인 셈이니 다른 분들께 절대 보여주면 안 된다는 부탁과 혹시 소유자가 찾아오면 '요즘 경기가 안 좋아 찾는 손님이 없다. 만약 꼭 파셔야 한다면 3억 원 정도에 내놓아야 할 것 같다'는 말만 해달란 거였다. 실제 이 당시 포스코 인원 감축으로 공실이 발생하는 원룸이 많았고 거래 자체도 뜸했다.

나는 소유자와 직접 접촉을 시도했다. 4억 5,000만 원에 내놓은 원룸이었으므로 우선 4억 2,000만 원부터 시작했다.

"4억 2,000만 원에 파시죠. 그럼 제가 바로 계약할 수 있는데요."

"안 됩니다. 이거 건물 지을 때 그보다 돈이 더 들어갔어요."

단호히 거절하는 소유자를 뒤로하고 나왔다. 일주일을 기다렸다 다시 전화를 걸어 4억 2,000만 원에 팔라고 말했다. 안 된다는 소유자의 답변이 돌아왔다. 다시 기다렸다.

그러던 어느 날, 소유자로부터 전화가 왔다. 집을 팔려고 하니 한번 와보란 거였다. 갑자기 오라고 하니 의구심이 들었다. 가기 전에 중개사무소에 전화를 걸어봤다. 그중 한 중개사무소에서 원룸 소유자가 왔다 갔다고 했다. 내가 부탁한 대로 '요즘 손님이 없어서 꼭 파셔야 한다면 3억 원에 내놓으셔야 한다'는 말을 전했다고 한다. 앗싸!

소유자를 만나러 갔다.

"저번에 말씀하신 4억 2,000만 원에 계약하시죠. 저도 원래 가격보다 좀 낮춰 팔겠습니다.”

“아, 사모님. 제가 오다가 중개사무소에 시세를 물어봤는데, 요즘 거래가 없어서 시세가 많이 떨어졌다고 하던데요. 4억 2,000만 원은 좀 힘들고 3억 8,000만 원이면 하겠습니다.”

“그런 게 어딨어요? 저번에 4억 2,000만 원에 한다고 했잖아요?”

“아, 죄송합니다. 시세가 떨어져서 어쩔 수가 없네요.”

“그럼, 다시 생각 좀 해봅시다.”

내가 4억 2,000만 원에 살 것이라고 믿었던 소유자는 3억 8,000만 원 소리에 다시 뒤로 물러났다. 며칠이 지나 소유자로부터 연락을 받았다.

“사장님, 그때 말씀하신 3억 8,000만 원으로 계약합시다.”

“아, 사모님. 그때 계약 안 하신다고 하셔서 제가 그사이 다른 건물을 사서 돈이 없습니다. 어떡하죠? 대신 조금 기다려주시면 제가 돈 나올 때가 있는데 그때 다시 생각해 보겠습니다.”

“아….”

전화기 넘어 깊은 탄식이 흘러나왔다. 실제 난 다른 건물을 사지 않았다. 일부러 시간을 길게 늦추기 위해서 해둔 말이었다. 이런 식으로 끌고 끌어 6개월이 지난 추석 때 소고기 사 들고 가서 2억 9,000만 원에 계약할 수 있었다. 물론 3억 8,000만 원에서 2억 9,000만 원으로 한 번에 가격이 낮아진 것이 아니다. 시차를 두고 서서히 가격을 끌어내려 최종적으로 2억 9,000만 원에 도장을 찍을 수 있었다.

이렇듯 부동산은 심리에서 밀리면 지는 법이다. 급히 팔려고 애쓸수록 가격은 내려갈 수밖에 없다. 반대로 빨리 사려고 애쓰면 비싸게 살 수밖에 없다. 나처럼 길게 끌고 갈 자신 있으면 여러분도 얼마든지 가격을 낮춰 살 수 있다. 하지만 보통 싸다고 생각되면 바로 사기 때문에 더 깎을 여지조차 만들지 못하는 게 현실이다. 미리 중개사무소에 도움을 요청한 덕분에 다른 손님들이 이 매물을 볼 수 없던 점도 가격을 낮추는 데 한몫했다. 또한, 당시 포스코 감원으로 경기가 안 좋은 탓도 맞아 떨어졌다.

나는 실제 급한 사연 있는 물건을 살 때 인근 중개사무소에 도움을 요청하는 경우가 많다. 만약 이렇게 도움을 요청했는데 중개사무소에서 약속을 어기고 다른 손님에게 물건을 보여드려 다른 분과 거래가 성사된다 해도 내가 항의하지는 못한다. 또한, 소유자가 인근 부동산뿐만 아니라 그 외 멀리 있는 부동산에도 물건을 내놓는다면 미처 내가 작업하지 못한 중개사무소에서 거래를 성사시킬 수도 있다. 이렇듯 큰 노력을 기울였음에도 내 물건으로 만들지 못할 가능성은 얼마든지 있다. 하지만 이제껏 경험한 바로는 10번 작업하면 8번은 성공했다. 즉 2번의 노력은 헛되이 돌아갔지만 8번에서 얻은 수익이 월등히 높기에 이 실천은 해볼 만한 가치가 있다.

이 건물의 매입 가격은 2억 9,000만 원이지만, 은행 감정가는 6

억 원이 넘는다. 방 공제를 하더라도 2억 8,000만 원의 대출이 실행
돼 내 돈은 1,000만 원밖에 들지 않았다. 최근 포스코의 대규모 인
원채용을 통해 원룸은 공실 없이 임대 중이다. 내 돈 1,000만 원 투
자로 매월 360만 원씩 꼬박꼬박 수익이 들어오는 것이다.

5억 원 아파트를 3억 5,000만 원에 사다

2010년, 부산의 ○○아파트를 할인 분양받아 입주했다. 45평형,
3억 6,000만 원의 분양가였는데 마지막 입주 시기에 계약해지 세대
가 생겨 3억 원이 안 되는 가격으로 분양받은 것이다. 2년 정도 살다
보니 가격이 상승해 5억 원에 팔고 나왔다. 이사 갈 아파트를 알아보
니 이미 주변 가격이 너무 상승해 있었다. 따라서 매입을 하는 대신
시간차를 두고 지켜보기로 하고 일부러 전세를 택했다.

전세를 계약한 부산 영도의 ○○아파트. 주변 풍광이 아름답고
지척의 거리에 마트, 초등학교, 대형 재래시장이 있다. 남포동 중심
상권과 가깝고 지하철역과 도보 10분 거리로, 영도에서는 최고의 입
지를 자랑하는 랜드마크 아파트다. 2012년부터 3년 동안 이 아파트
57평형에 전세를 살았다. 2015년쯤 되자, 그동안 오른 가격이 하락
하기 시작했다. 인근 중개사무소를 돌며 매물을 찾던 중 마침 적합

한 물건이 눈에 들어왔다. 같은 아파트 단지 내의 72평형이다. 한창 오를 때 6억 원까지 형성됐던 가격이 현재는 5억 원으로 1억 원가량 하락한 상태였다. 중개사무소에는 여기서 500만 원을 뺀 4억 9,500만 원에 매물로 나와 있었다.

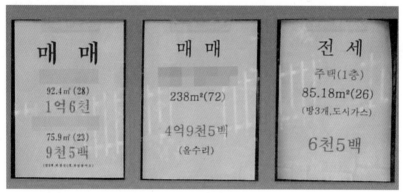

▲ 중개사무소에 붙은 해당 아파트 매물

중개사무소 소장님께 들은 얘기로는 소유자가 거제도에 머문 뒤 이곳으로 오지 않아 현재 3년째 집이 비어 있다고 한다. 소유주는 70대 중반의 중견 건설사 사장님이셨다. 자녀 셋은 모두 미국에서 거주하고 있고 아내는 얼마 전 돌아가셨다고 한다. 소유주께서도 건강악화로 거제도 별장에서 지내고 계시는데 이곳은 도통 와보질 않는다고 했다. 그래서 몇 년간 공실로 남겨뒀다가 이곳을 처분하기로 하고 매물로 내놓은 것이다.

상황판단이 끝났다. 난 이 물건을 내 것으로 만들기로 하고 소장님들께 도움을 요청했다. 이미 팔린 물건인 셈이니 절대 다른 분께 물건을 보여드리지 말라는 부탁과 함께 소유자의 전화를 받으면 '요즘 경기가 안 좋아 영 팔리지 않는다. 꼭 파실 생각이면 가격을 더 낮춰야 한다'는 말씀만 전해달라 했다.

이제부터는 시간 싸움이다. 빨리 처분되길 원했던 소유자는 1달, 2달… 시간이 가도 집이 팔리지 않자 가격을 낮추기 시작했다. 나는 원하는 가격이 될 때까지 더 기다렸다. 밀고 당기길 몇 차례 반복하는 동안 5개월이 흘렀고 최종 3억 5,500만 원에 계약이 성사됐다. 현재 이 아파트는 5억 원이 넘는 시세를 유지하고 있다. 2년 전 매수 당시와 큰 시세 차이가 없지만, 워낙 낮은 가격에 매입한 덕분에 1억 5,000만 원이라는 시세차익을 거두고 있다.

소재지/지목/면적	소재지	부산광역시 영도구			
	지목	대	토지면적	2241㎡	토지 거래지분
	대지권비율	2241800분의 5663	건축물면적	189.85㎡	건축물 거래지분
계약대상 면적	토지	56.63㎡	건축물	189.85㎡	
대상 거래금액			355,000,000 원		
계			355,000,000 원		중도금 지급일
계약금			35,000,000 원		
중도금			60,000,000 원		2015년 07월 30일
잔금			240,000,000 원		

▲ 3억 5,500만 원에 계약한 매매계약서

만약 어느 중개사무소에서 다른 분께 매물을 보여줬거나, 소유자가 이 지역 중개사무소뿐 아니라 인근 지역 중개사무소에도 집을 내놨다면 계획이 성사되지 않을 수도 있었다. 하지만 다행히 중개사무소 소장님들도 약속을 지켰고, 소유자 또한 적극적인 현장 파악을

간과했다.

이 내용을 알려드리는 이유는 부동산을 팔 때 앉아서 기다리지 말라는 것이다. 물건을 내놓을 때는 집 앞 중개사무소 몇 군데에만 내놓지 말라. 쉽게 얘기하면 내 집 앞의 중개사무소뿐만 아니라 옆 아파트 중개사무소 등 인근 모든 중개사무소에 매물을 내놓아라. 또한, 시간이 지나도 집 보러 오는 손님이 없다면 다른 중개사무소에도 매물을 내놓는 등 내 방어를 적극적으로 해야 한다. 실제 나는 아파트 매물을 내놓을 때 보통 20곳 이상의 중개사무소에 모두 내놓는다.

특히 꼭 명심할 점은 시세차익 실현으로 팔고자 할 때는 급매물인 것처럼 구구절절한 사연을 만들어 팔되, 어디까지나 팔기 위한 수완이지 절대 다급한 진짜 사연 있는 물건을 만들지 말라. 꼭 급히 팔아야만 하는 사연이 있더라도 절대 내색하지 말라. 내색하는 순간 이미 상대방에게 내 패를 보여준 것과 똑같아 심리 싸움에서 밀리게 돼 있다.

부동산 투자 3원칙

1. 사연 있는 물건을 찾아라
2. 심리 싸움에서 밀리지 마라
3. 내 길은 내가 개척하라

건물의 가치를 올려
프리미엄을 독식하라

이미 만들어진 부동산을 사는 것은 프리미엄을 다 지불하고 사는 것이다. 부동산의 가치는 내가 만드는 것이다. 내가 만들면 프리미엄을 받고 팔 수 있다.

"저는 건축업자가 아닌데 어떻게 부동산을 만들 수 있나요?"

흔히 하는 질문이다. 맞는 말이다. 실제 건축업자이면서 부동산 투자도 하는 분이 몇이나 있을까? 대부분 사람들의 직업은 건축, 또는 부동산 업종과 거리가 멀다. 현재 하는 일에 충실하면서 재테크로 '부동산' 분야를 선택한 것이다. 그러니 잘 모를 수밖에 없어 늘 하는 투자 방식이 남 따라가는 것이다. 남들이 분양권 사니 나도 분양권 사고, 남들이 아파트 사니 나도 아파트 사고… 결국 제일 높은 상투에 산 줄 모르고 말이다. 투자란 다른 사람에게 프리미엄을 주는 것이 아닌, 내가 남에게 프리미엄을 받고 팔아야 한다.

프리미엄(보통 P라고 부르는 경우도 많음)을 받고 파는 부동산의 종류로 보통 '분양권'을 생각하는 경우가 많다. 프리미엄을 받고 팔라고 하니 이를 분양권을 산 후 팔라는 말로 오해하면 곤란하다. 내가 말하는 프리미엄이란, 기존 건물의 가치를 끌어올려 프리미엄을 형성한 후 팔라는 말이다. 이는 발상의 전환만 하면 매우 쉬운 일이다.

4층 건물을 매입하다

건물을 살 때 가장 먼저 보는 것이 입지다. 입지가 좋아야 우선 고려대상이 된다. 부산 영도에 위치한 4층 건물을 3억 5,000만 원에 매입했다. 이 건물 주변에는 초등학교와 중학교, 고등학교가 10여 곳이 밀집해 있었고, ○○복국, △△물회, ㅁㅁ아구찜 등 주변에 유명한 음식점이 있었다. 매입할 당시 지하층은 폐비닐 수거업체, 1층은 비디오 대여점, 2~3층은 독서실, 4층은 주거임차인이 거주하고 있었다. 이 건물도 사연이 있어 시세보다 1억 원 이상 싸게 매입할 수 있었다.

2~3층 독서실의 전세 보증금이 1억 원이었는데, 계약만료로 소유자는 독서실의 임차보증금을 반환해야 했다. 하지만 소유자에게는 반환할 1억 원의 여유자금이 없었고 다음 임차인에게 보증금을 받아 기존 임차인에게 돌려주려고 해도 임차인이 쉽게 구해지지 않았다. 차일피일 전세금 반환이 늦어지자 급기야 독서실 임차인은 전세금반환청구소송을 거쳐 승소하게 되고 소유자는 이에 연 20%의 지연 가산금까지 물어내야 할 판이었다. 임차인을 빨리 구하든지, 이 건물을 빨리 매매해서 돈을 융통해 전세금을 반환해야 했다. 즉, 이렇게 급히 팔 수밖에 없는 사연이 내 귀에 들어온 것이다. 급한 사연 덕분에 밀고 당기기를 몇 차례 반복, 1억 원의 가격을 깎아 3억 5,000만 원에 매입할 수 있었다.

건물을 매입한 후 기존 임차인들의 보증금을 반환하고 내부를 비웠다. 실제 지하층에 있던 폐비닐 수거업체로 인한 악취가 건물 전체에 진동할 정도여서 임차인이 나간 후 내부를 깨끗하게 청소했다. 기존 임차인들과 재계약하지 않고 계약 만료한 이유는 이 건물 전체를 학원으로 사용하려는 계획 때문이다. 인근에 초·중·고가 밀집한 지역이라 학원 수요가 충분할 것으로 판단됐다. 건물을 말끔히 청소한 후 중개사무소에 임대를 놓았고, 건물 외벽에도 커다란 '임대' 현수막을 걸었다.

임대가 안 나가다

곧 임대가 나갈 것이란 내 예상과 달리 두 달이 지나도 소식이 없었다. 석 달이 되도록 문의가 없자 이대로 기다리면 안 되겠단 생각이 들었다. 건물 외벽에 다시 현수막을 걸었다. 또한, 교차로, 벼룩시장 등 생활지에도 광고했다.

'2년 무상임대'

내가 필살기로 내 건 타이틀이다. 2년 동안 무상으로 임대한다는 생각이다. 현수막과 광고를 보고 여기저기서 문의가 들어오기 시작했다. 그중 1층은 주변에 영도에서 꽤 이름나 있는 유명한 음식점들이 여러 곳 있어서 이와 유사하면서도 업종이 겹치지 않는 유명 음식점을 입점시키기로 했다. 계약조건은 단 하나, 2년간 무상임대인 대신 계약 종료 후 권리금을 인정하지 못한다는 단서를 달았다. 만약 5년간 계약하면 2년까지는 무상으로 쓰는 대신 차임은 3년

이 되는 해부터 발생한다. 5년 계약 후 연장을 하면 상관없되 나간다면 시설비, 권리비는 인정하지 않는단 조건이다. 차임(월세)도 마찬가지다. 만약 현 임대시세가 보증금 500만 원/월 50만 원 조건이라면 2년간 차임은 발생하지 않는 대신, 3년부터는 보증금 500만 원/월 80만 원을 주는 조건을 달았다. 2년간 무상으로 장사하고 3년부터 월세를 약간 올리는 방식이다. 이렇게 음식점이 입점했다.

지하층은 공사를 거쳐 공연홀처럼 만들었다. 인근에 학교가 많다보니 음악 밴드와 힙합 댄스 하는 팀들이 연습할 수 있는 장소를 만들었다. 지하 전체 공간을 사용하는 데 시간당 1만 원씩 사용료를 받았다. 학생들이 보통 팀으로 와서 사용하므로 시간당 1만 원이라 해도 학생 개개인이 부담하는 금액은 크지 않아 인기가 좋았다. 나 또한 웬만한 임대를 놓는 것보다 수입이 더 높았다. 1층과 지하층이 해결됐으니 이제 2~4층 차례다. 이 지역은 주변에 10여 개의 초·중·고가 밀집된 덕분에 학원가가 자연스럽게 형성돼 있는 지역이라 학원 임대를 하는 것이 좋겠단 생각이 들었다. 그래서 학생들에게 이 근처 수학 선생님 중에 제일 유명하신 분이 누구신지 물었다. 학생들은 한결같이 청ㅇ학원의 도ㅇㅇ선생님을 추천했다. 나는 청ㅇ학원을 찾아가 수업시간이 끝나길 기다린 후 도선생님을 만났다.

"선생님, 학생들에게 들어보니 선생님 실력이 가장 뛰어나다고 들었습니다. 이렇게 유명하신 분께서 왜 여기서 이렇게 갇혀 있습니까? 선생님께서 학원을 직접 개원하셔서 원장님이 되는 게 훨씬 좋지 않겠습니까? 제 건물의 3층을 학원으로 2년 동안 무상임대해드리겠습니다. 기존에 독서실로 사용하던 곳이라 이미 칸막이 시설까지 다 돼 있어 별도 시설비가 필요 없는 곳입니다."

내 말은 들은 선생님은 의심 어린 눈초리로 나를 바라봤다. 왜 이런 제안을 하는지 저의를 모르겠다는 말을 남기며 내 제안을 거절했다. 이렇게 거절을 당해도 이틀 후 다시 찾아갔다. 다시 거절을 당해도 사흘 후 다시 찾아갔다. 이렇게 세 번을 찾아가니 선생님 마음이 많이 흔들려 있었다.

"무상임대를 5년 주십시오. 그럼 해보겠습니다."

"아, 그건 저도 힘든 제안입니다. 그럼 서로 양보해서 3년 무상임대 어떻습니까?"

"좋아요. 그렇게 하지요."

이렇게 3년 무상임대를 조건으로 도선생님의 수학학원이 건물에 입점했다. 3층에 수학학원이 들어오자 2층은 식은 죽 먹기였다. 내가 발로 뛰지 않아도 영어 선생님으로부터 영어학원을 하고 싶다는 연락이 온 것이다. 2층은 무상임대가 아니었고 월세 또한 기존의 50만 원보다 높은 70만 원으로 계약했다. 3층 수학학원에 학생들이 몰릴 테니 어부지리로 영어학원은 그 학생 덕을 보려고 들어오는 것이므로 굳이 월세를 낮게 정할 이유가 없었다. 4층 또한 국어학원이 입점하며 건물이 학원 건물로 재탄생하게 됐다.

이 건물은 4년 후 팔았는데 매도 시점 건물 전체의 임대료가 보중금 4,000만 원/월세 350만 원으로 매도가격은 6억 원이 넘었다. 4년 만에 2배 가까운 장사를 한 것이다.

▲ 4년 만에 2배 차익을 거둔 해당 건물

부동산을 직접 만들어라

4년 만에 2배 가격으로 건물을 판 경험을 한 뒤로는 잘 안 되는 부동산만 찾기 시작했다. 잘 안 되는 부동산을 싸게 매입한 뒤, 해당 점포들을 내가 입점시키는 식이다. 실제 편의점, 커피숍, 제과점 등 프랜차이즈 본사에 직접 전화를 걸어 입점을 타진해보기도 한다. 유명 프랜차이즈가 입점하면 건물 가치가 상승하기 때문이다. 그래서 건물을 매입하기 전부터 그 지역 일대를 돌아보며 이미 입점한 업종을 제외하면서 아직 입점이 안 된 점포 위주로 살핀다. '이 업종이 있으면 참 좋겠는데 아직 인근에 입점을 안 했네…' 하는 업종들을 골라 본사에 연락한다. 입지가 좋은 곳은 프랜차이즈 업종의 유치가 그나마 쉽지만, 입지가 좋지 않은 곳은 프랜차이즈는커녕 일반 임대도 수월치 않은 경우가 있다. 이런 곳은 나처럼 무상임차인을 넣어 건물을 살린 후 일정 기간부터 임대료를 받으면 좋다. 무상임차인을 넣을 때는 될 수 있으면 시설비가 많이 들어가는 업종, 또는 이름이 꽤 알려진 가게의 분점이나 유명인을 중심으로 입점시키면 좋다.

상가 등 수익형 부동산에 투자하는 대부분 사람들이 임대수익을 목적으로 투자한다. 따라서 눈에 보이는 수익구조가 정해져 있는 상품을 좋아한다. 특히 수익형 부동산은 월세 대비 7% 내외의 수익률을 계산하여 매각가격이 측정되는 경우가 많으므로 해당 건물의 입점 현황, 공실 여부, 입점 브랜드 인지도에 따라 매각가격의 차이가 발생할 수 있다. 따라서 공실인 채로 매도하면 계약이 쉽지 않고 매각가격도 하락하는 경우가 많다.

건물의 가치를 높이는 작업은 건물주가 얼마나 능동적으로 움직이는지에 따라 달라질 수 있다. 이에 파생되는 프리미엄은 건물주가 독식하는 방식이다. 따라서 이미 좋은 점포들이 입점한, 만들어진 부동산을 살 것이 아닌 만들어가는 부동산을 추구하면 더욱 큰 수익을 볼 수 있다. 만들어가는 부동산이 반드시 건축하라는 의미는 아니므로 부동산 초보자도 얼마든지 할 수 있다. 얼마나 적극적으로 내 재산을 지키고 늘려갈 것인지 연구하는 자에게 프리미엄이 돌아간다.

건물을 살 때는 가상 임차인을 조심하라

내가 건물을 파는 입장에서는 유명 프랜차이즈 업종 유치, 무상임차 등을 적극적으로 활용해 건물의 가치를 올려 팔라고 말씀드렸다. 그렇다면 건물을 사는 입장에서 주의할 점은 뭘까? 앞서 말했듯 기존 건물주에게 프리미엄을 다 주고 사는 셈이므로 건물을 매입한 후 프리미엄이 꺼지는 게 가장 두려울 것이다. 즉, 원래 예상했던 임대수익이 나오지 않는다면 손실을 볼 수도 있기 때문이다.

이때, 가장 주의할 점이 바로 가상 임차인이다. 즉, 건물주가 공실인 채 건물을 팔지 않기 위해 가상 임차인을 입점시키는 경우가 있다. 무상임차는 기본이고, 시설까지 건물주가 해놓은 후 아는 지인을 동원해 영업하는 것처럼 보이게 한다. 손님들까지 아는 사람들로 포진시키는 것이다. 당장 눈에 보이는 것에 혹해 이런 건물을 매입하면 후에 생각보다 손님들이 많지 않아 당황스러운 경험을 하게될 것이다. 따라서 손해 보지 않으려면 부동산 시장 심리를 명확히파악해야 한다. 실제 신문광고에 '임대 수익률 0% 확정 보장'이란현혹 문구는 대부분 가상 임차인을 넣고 수익률을 맞춘 것처럼 보이는 업체가 많다. 특히 처음 분양하는 상가도 '선 임대'를 내건 업체가많아 진성 임차임인지 철저히 확인하는 것이 좋다.

결론적으로 이미 만들어진 부동산, 또는 만들어진 것처럼 보이는 부동산은 높은 가격에 살 확률이 높으므로 처음부터 싼 물건을사는 것이 백번 낫다. 싼 물건이란 누가 봐도 가치가 없어 보여 아무도 거들떠보지 않는 물건을 말한다. 실제 나는 이런 건물들을 헐값에 매입한 후 가치를 만들어 판다. 즉 내 직업은 전업 투자자인 동시에 디벨로퍼다. 흔히 '디벨로퍼'를 토지 분야로 한정하기 쉬운데 디벨로퍼는 토지에만 국한되는 직업이 아닌, 부동산 전반에 통용된다.디벨로퍼는 불모지처럼 보이는 토지를 싸게 매입해 예쁜 전원주택단지로 비싸게 만들어 분양하는 경우도 있고, 아무짝에도 쓸모없어보이는 건물을 멋진 수익형 부동산으로 탈바꿈시키기도 한다. 말 그대로 전신성형을 통해 미스코리아를 만들어내는 작업이다.

싸다 vs 비싸다

"사장님, 이 건물 싸게 나왔어요. 10억 원이면 정말 싼 가격이에요."

중개사무소로부터 전화를 받은 당신, 싸다며 적극적으로 추천하는 이 건물을 싸다는 말만 믿고 덥석 살 것인가? 알고 보니 싼 가격이 아니라면 어떡할 것인가? 가격을 알아보기 위해 다른 중개사무소에 들러 물어볼 것인가? 10억 원의 가격이 과연 싼지 비싼지 말이다. 방문한 중개사무소 소장님도 싸다고 말하면 정말 그 말만 믿고 살 것인가?

사람들에게 '싸다, 비싸다'의 개념이 모호하다. 남이 싸다고 하면 싼 것 같고, 남이 비싸다 하면 비싼 것처럼 느껴진다. 하지만 소중한 내 돈이 들어가는 투자를 남의 말 한마디에 좌지우지할 순 없지 않은가? 적어도 부동산 공부를 하는 사람이라면 말이다. 부동산은 내가 주체적으로 그 가치를 평가할 줄 알아야 한다. 모든 부동산 가격의 기본은 토지비+건축비다. 따라서 토지비용과 건축비를 정확히 산정한다면 어느 정도 윤곽이 나온다.

원가를 알아야 한다

먼저 해당 건물의 현재 토지가격을 알아야 한다. 이는 중개사무소의 도움을 받으면 좋다. 그렇다고 중개사무소에 가서 정확히 그

지번의 땅값을 알아보라는 게 아니다. 건물이 위치한 인근의 땅값을 산정하면 된다. 중개사무소에 들러 "이 근처에 건물을 지으려는데 토지 매물 나온 거 있나요?"라는 식으로 넌지시 물어봐야 한다. 매물 나온 토지가 있다면 이를 근거로 현재 건물이 위치한 입지를 반영해 토지 시세를 추산할 수 있다. 또한, 한국감정원, 밸류맵 등의 사이트에 들어가면 그동안 거래됐던 토지의 실거래가가 나오니 어느 정도 주변 시세를 알 수 있다.

건축비는 이미 정해져 있다. 2018년 현재 기준, 상가처럼 안에 내부를 설치하지 않고 건축만 한다면 평당 200만 원이면 충분하다. 원룸처럼 내부에 주방, 화장실 등을 설치해야 한다면 평당 300만 원 정도다. 만약 해당 건물이 10년 됐다면 감가상각을 해야 한다.

이렇게 계산한 건물가격(땅 포함)이 5억 원 나왔는데 상대방이 8억 원의 가격을 달라고 하면 3억 원이 프리미엄이다. 이처럼 프리미엄을 계산해보고 적정한지, 비싼지를 따져야 한다. 하지만 많은 사람은 내가 얼마의 프리미엄을 치르고 건물을 사는지도 모른 채 단순 현재 입점 점포가 내는 월세를 계산해 수익률이 7~8% 되면 싸다고 얼른 산다.

모 연예인이 매입한 건물이 스타벅스를 입점시킨 후 2배의 가치가 상승했다고 한다. 10억 원짜리 건물이 20억 원이 된 것이다. 이를 단순히 현재 스타벅스만 보고 20억 원 주고 덥석 샀다가는 큰일이다. 그러다가 스타벅스가 계약 만료 후 철수하면 어떻게 할 것인가?

그래도 20억 원 가치가 있을까?

건물을 살 때 토지비+건축비를 계산해 건물 원가를 산정한 뒤, 가급적 프리미엄이 적게 붙은 건물을 매입하는 게 손해를 줄이는 길이다. 건물 원가보다 더 싸게 사면 금상첨화다. 실제 나는 건물 원가보다 더 싸게 매입하기 때문이다. 이렇게 싸게 매입한 건물의 프리미엄을 높이는 건 바로 여러분이 할 일이다. 무상임차를 주든, 유명 프랜차이즈 업체에 읍소를 하고 입점시키든 그것은 여러분의 능력이다. 주변에 학교가 많다면 나처럼 가장 유명한 학원 선생님을 찾아가고, 주변에 편의점이 없다면 편의점 본사에 전화하고, 주변에 부대찌개 음식점이 없다면 부대찌개 본사에 전화하는 식이다. 내 건물이 가치를 높이기 위해 가치 있는 임차인을 찾아 발로 뛰는 성의를 보여야 비로소 프리미엄을 쟁취할 수 있다.

내가 2~3억 원밖에 없어서 상가를 못 산다? 그것은 핑계다. 우리나라에 서울 강남 한복판의 수십억 원짜리 상가만 있는 것은 아니다. 강원도, 충청도, 전라도, 경상도 등 지역마다 시 단위, 읍 단위로 중심상권이 있다. 이렇게 중심상권인 곳에 싼 건물을 잡으란 것이다. 물론 싸게 잡으려면 매도인에게 급한 사연이 있어야 한다. 급한 사연 있는 물건이 내게 오려면? 이건 발로 뛰는 방법밖에 없다. 부지런히 중개사무소도 들리고 임장도 다니며 내 자취를 많이 남겨놔야 급한 사연 있는 물건을 찾기도 하고 얻어걸리기도 한다.

적은 자본을 탓하지 말라. 그 돈으로 충분한 상가는 얼마든지 많다. 단지 찾지 않으니 보이지 않을 뿐이다.

　수익형 부동산이 좋은 점은 가격이 내려갈 걱정을 할 필요가 없단 것이다. 아파트인 경우 부동산 경기, 정부 정책에 따라 가격이 널뛰기를 반복하다 보니 가격이 내려갈까 걱정, 안 팔릴까 걱정이다. 하지만 이렇게 든든한 상가건물을 갖춰놓고 있으면 세상 두려울 게 없다. 경기와 상관없이 꼬박꼬박 월세 잘 들어오고, 7~8% 수익률을 맞춰서 시장에 내놓으면 잘 팔리기 때문에 매도 걱정도 없다. 단, 매도할 때는 동네 중개사무소가 아닌 규모가 큰 시내 중개사무소에 내놔야 한다. 규모 큰 중개사무소는 지역신문, 교차로, 벼룩시장 등을 보면 큰 박스광고로 잔뜩 매물들을 내놓거나 광고하는 중개사무소를 말한다. 이곳은 상가 전문가가 따로 있어 수익률 맞춰진 이런 건물들을 쉽게 팔아준다. 상가 전문가 주변에 퇴직금 들고 있는 은퇴자들이 많이 있기 때문이다.

Part 6

콕 짚어 알려주는 방패장군의 월세 노하우

Part 6

7,800만 원 투자로 120만 원 월세 받다

▲ 4,700만 원에 매입한 매매계약서

　　수익형 부동산이라 하면 매우 많이 돈이 소요되는 거로 오해하는데, 실상은 그렇지 않다. 부산 모 대학 앞에 위치한 이 건물은 2층 구조로 한 층이 약 13평 면적이다. 이곳의 위치는 대학교 정문에서 110m 떨어져 있어 일명 '골든 존'이라 불리며 공실이 안 생기는 곳이다. 대학교 상권이 완벽히 형성돼 있어 집에서 나오면 커피숍, 음식점 등 없는 시설이 없기 때문이다. 실제 내가 소유한 원룸 건물 모두 골든 존 안에 위치해 있다.

　　원래는 1, 2층 주택구조로 돼 있었으나 대공사를 거치며 한 층에 2개씩 원룸을 만들어 총 4개의 원룸이 탄생했다. 이곳은 2개의 대학 캠퍼스가 인근에 있어 학생들의 수요가 많았기 때문이다. 리모델링 비용은 총 4,000만 원이 소요됐다. 4,700만 원에 건물을 매입했으니 총비용이 8,700만 원 든 셈으로 취득세 등을 고려하면 약 9,000만 원 정도 자본이 투입됐다. 방 공제를 하는 탓에 대출은 받지 못했다.

이 원룸은 보증금 300만 원/월 30만 원씩 임대 놓은 지 며칠 지나지 않아 모두 임대 완료됐다. 대학교에서 가까운 입지와 깨끗한 시설이 학생들의 마음에 들어 임대가 빨리 나간 듯하다. 보증금으로 1,200만 원(300만 원×4)을 회수해 실제 내 자본은 7,800만 원 투입으로 매월 120만 원의 수익이 들어오는 곳이다. 즉 7,800만 원 투자로 19%의 수익률을 성취한 곳이다.

꼭 큰돈이 있어야 수익형 부동산에 투자할 수 있는 것이 아니다. 적은 비용으로도 얼마든지 높은 수익을 창출할 수 있다. 이런 물건을 5개 보유한다 해도 들어가는 자본은 4억 원 정도로, 발생하는 수입은 월 600만 원이다. 많은 사람이 그토록 바라는 월 500만 원 이상 수입이 이렇게 쉽게 이뤄진다. 이렇듯 소자본으로도 얼마든지 월세부자를 만들 수 있으니 꼭 실천해보길 바란다. 찾아보면 이런 물건들은 넘치도록 많다. 아파트가 어쩌고, 차트가 어쩌고만 떠들어대고 있으니 보이지 않을 뿐이다.

⚠ 내부 전체 철거 후 벽돌을 쌓아 방을 분리한 모습과 공사 완료 후 모습. 외벽은 페인트칠을 했다. 외벽상태에 따라 페인트를 칠할 때도, 전체 외벽공사를 다시 할 때도 있다. 페인트칠과 외벽공사의 비용 차이는 약 1,000만 원가량으로 외벽공사가 비용이 더 많이 든다.

7,500만 원 투자로 170만 원 월세 받다

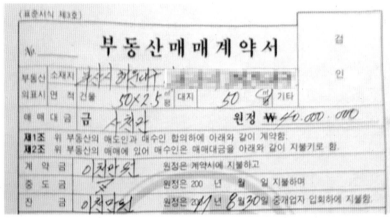

▲ 4,000만 원 매매계약서

    4,000만 원 들여 매입한 다가구주택을 대공사를 통해 원룸 5개로 만들었다. 이 건물은 공사비용이 좀 많이 들어간 경우다. 철거작업과 대공사를 진행하는 데 5,000만 원이 들어 총비용이 9,000만 원 소요됐다. 보증금 300만 원/월 30만 원(미니 투룸은 월 40만 원)으로 임대를 놓았고, 얼마 지나지 않아 5개 모두 계약됐다. 보증금으로 1,500만 원이 회수됐고, 월세는 170만 원이 발생하고 있다. 즉, 내 투자 자본은 7,500만 원으로 연 27% 수익률이 발생했다.

▲ 공사 전 건물 모습, 철거 작업 진행

▲ 골조만 남기고 모두 철거, 정화조 새로 설치, 건물 외벽공사

완성된 모습 ▲
층고가 높아 편백나무 복층구조로 만듦 ▶

나는 이 건물을 중개사무소에 2억 원에 내놓을 예정이다. 계약
은? 당연히 잘된다. 보증금 1,500만 원에 한 달에 170만 원의 수입
이 들어오므로 10.2%의 수익률인데 안 사갈 이유가 없질 않은가. 이
런 물건은 쉽게 팔린다. 부동산을 만들면 이렇게 앉아서 1억 원 이상
을 벌게 된다. 만들어진 부동산을 선호하는 사람에게 잘 팔리기 때
문이다.

서울 근교에도 캠퍼스 쪽으로 찾아가면 이런 지역이 많이 있다.

이렇게 만들 수 있는 물건이 많은데 사람들은 2억 원 주고 만들어진 물건을 비싸게 사니 참 아이러니하다.

학교 교통이 불편해야 한다

교통이 좋은 유명 대학교 주변의 원룸 사업이 잘될까? 언뜻 생각하면 잘될 것처럼 보일 순 있어도 이런 곳은 원룸 사업이 잘되지 않는다. 교통이 좋으면 집에서 통학이 수월해 굳이 원룸을 얻을 필요가 없기 때문이다. 국립대학교는 기숙사를 제공하니 마찬가지다. 수익률 좋은 원룸은 교통이 좋지 않은 대학교 앞에 있는 곳이 대박이다. 건물을 고를 때 팁이다.

실제 이 원룸은 모 대학교 캠퍼스 앞에 위치해 있다. 이 대학교는 부산 지하철역에서 도보 8분 이내의 거리지만, 위치상 부산 끝자락에 속한다. 집이 시내 중심권에 있다 하더라도 이곳에 통학하려면 지하철을 2번 환승해야 한다. 집에서 자동차로는 20분 거리지만, 지하철을 타면 1시간이 소요된다. 시내 중심에 사는 학생들이 1시간 이상 통학시간이 소요되는데 하물며 외곽에 사는 학생들은 어떻겠는가. 따라서 부산에 사는 부모님들조차도 학생의 거처를 학교 근처 원룸에서 얻는 경우가 많았다. 실제 우리 원룸에 입주한 학생들은 모두 부산에 거주하는 학생들이다.

이런 이유로 원룸 사업이 목적이라면 교통이 좋은 학교에 위치한 원룸은 될 수 있으면 피하길 바란다. 비싼 매물 가격에 비해 실속이 없다. 교통이 불편한 대학교 인근의 원룸이 건물가격이 싸면서 임대가 잘 된다. 이런 곳은 공실이 거의 발생하지 않는다.

8,100만 원 투자로 140만 원 월세 받다

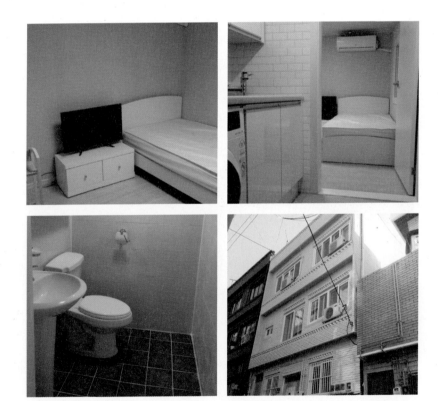

▲ 공사가 끝난 건물 모습

6,300만 원에 매입해 수리한 3층 건물이다. 이 건물 1, 2층은 투룸으로 각 1세대씩, 3층은 원룸으로 2세대를 만들어 총 4가구가 살 수 있도록 했다. 페인트칠하고, 화장실 만들고, 전기와 수도 설비 추가를 하는 등 총 3,000만 원 공사비가 소요됐다. 다른 건물에 비해 공사비가 적게 든 편이다. 페인트칠을 하고 나니 옆집의 낡은 적벽돌 색깔과 비교돼 건물이 더욱 깨끗해 보인다.

1, 2층을 투룸으로 구성한 이유는 여학생들이 투룸을 선호하기 때문이다. 여학생 부모님들은 가급적 자녀가 혼자 거주하기보다 안전하게 친구와 거주하길 원하기 때문에 투룸이 잘 나간다. 반대로 남학생들은 원룸을 선호하는 등 성별에 따라 선호도가 다르다.

1, 2층 투룸은 각각 보증금 300만 원/월 40만 원씩 받고, 3층 원룸은 한 채당 보증금 300만 원/월 30만 원씩 받아 총 보증금 1,200만 원/월 140만 원의 수입이 나온다(투룸 2, 원룸 2). 보증금을 제하면 실제 투자한 금액은 8,100만 원으로 월세 대비 수익률이 21%다.

이렇게 큰돈 안 들이고 얼마든지 수익형 부동산에 투자할 수 있으며 매달 높은 월세를 받을 수 있다. 실제 나는 이렇게 월세 건물들을 만들어놓기 때문에 6개월이 지나면 건물 하나 살 만큼 돈이 또 들어온다. 그걸로 또 건물 사서 월세를 맞춰놓는 식이니 돈이 돈을 벌어주는 구조 속에 살고 있다.

내 나이 50대다 보니 솔직히 수익형 부동산을 좋아한다. 50대는 토지 20%, 아파트(재건축, 재개발, 분양권 등 포함) 30%, 수익형 부동산

50% 식으로 수익형 부동산에 비중을 둬야 할 나이다. 60대가 넘으면 수익형 부동산의 비중이 70%가 좋다. 60대 넘어서 토지에 투자하는 것은 좀 신중하길 바란다. 아무리 개발지에 투자한다 해도 최소 10년은 보고 투자해야 하므로 환금까지 장시간이 소요된다. 투자한 땅을 자식에게 물려줄 생각이라면 몰라도 내가 노후자금으로 쓸 생각이라면 시간이 맞지 않는다.

고수익 투자가 계속된다

1. 3,800만 원에 매입해 현재 전체 공사가 진행 중인 또 다른 건물이다. 4,000만 원의 공사비가 투입된 이 건물의 예상수익은 보증금 1,200만 원/월세 140만 원으로 25%의 수익률이 기대된다.

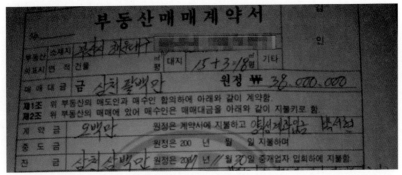

▲ 3,800만 원의 매매계약서

▲ 골조만 남기고 모두 철거해 공사를 진행했다. 옆집도 매입해 공사를 완료했다.

2. 9,000만 원에 매입해 3,000만 원의 간단한 내부 리모델링으로 총 1억 2,000만 원의 투자금이 들었다. 현재 보증금 1,600만 원/월 160만 원의 임대수익이 발생해 실투자금은 1억 400만 원, 약 19%의 수익률을 안겨주고 있다.

▲ 9,000만 원 매매계약서

▲ 내부 리모델링한 후 외벽은 상아색으로 페인트칠했다.

다가구주택을 원룸으로 개조하고 있는 ○○동에서 하나씩 건물을 매입해나가던 중 2층 상가주택을 만났다. 실제 이 지역의 3층짜리 건물이 2억 원을 달라고 하기에 쳐다보지도 않았는데 같은 지역의 대지면적 15평의 2층 건물이 나온 것이다. 소유자가 서울에 건물을 짓기로 계약금을 건넨 상태에서 중도금 시기가 도래했는데 기존 건물이 팔리지 않아 애타는 사연이었다. 실제 이 지역이 조정대상지역에 포함되며 이런 현상들이 곳곳에 발생한다. 이곳의 지가는 평당 1,000만 원으로 대지 값만 해도 1억 5,000만 원이다. 건물은 낡았으니 건물 값은 무시해도 말이다. 매도자는 급하고 나는 전혀 급하지 않다. 이미 이긴 게임이 시작됐다. 밀고 당기는 협상을 통해 최종 8,000만 원의 계약서에 도장을 찍었다.

이곳은 아직 공사를 시작하진 않았지만 1층은 상가(보증금 500만 원/월 50만 원), 2층은 원룸(보증금 300만 원/월 30만 원) 2개, 3층은 조립식 이동주택(보증금 300만 원/월 30만 원) 1동을 올릴 생각이다. 상가는 특별히 공사할 내용이 없으니 2층 공사와 건물 외벽에 총 2,000만 원의 공사비가 예상되고 조립식 이동주택은 10평형 중고로 1,500만 원에 가격 협의 중이다. 조립식 주택비와 공사비를 합하면 총 매입금액은 1억 2,000만 원 내외로 소요되나, 보증금으로 1,400만 원을 회수하면 실투자금은 1억 400만 원이다. 즉, 1억 원의 투자금으로 대로를 낀 150만 원의 공실 없는 상가를 가진 안정된 상가주택 월세가 만들어지는 것이다.

▲ 이제 막 매입해 아직 수리하기 전이다. 실제 멋지게 변신한 다른 건물들도 처음 내부 상태는 대체로 이랬다. 누가 봐도 최악의 상태처럼 보이는 물건만 사는 이유는 매도자가 집수리를 포기한 상태에서 이런 집을 사겠다고 덤벼들 다른 매수자가 없으니 가격을 내 맘대로 조정 가능한 점이 큰 매력이기 때문이다.

내 이름이 담긴 거리를 만들고 싶다

현재 모 대학교 캠퍼스가 있는 ○○지역에 7개의 건물이 있다. 특히 앞의 사진에서 본 건물들은 각각의 소유자들로부터 매입했는데 우연히 모두 이웃집이다. 최신식 건물 3채가 한 집 건너 한 채씩 나란히 있다. 일부러 처음부터 의도한 것은 아니나 어쩌다 보니 그렇게 됐다. 그러다 보니 한 가지 꿈이 생겼다. 이곳의 건물들을 차례차례 모두 매입한 다음 이 거리를 내 이름(박삼수)인 '삼수로'라고 칭하고 싶다. 이곳 도로명 주소가 '○○로'인데 내 건물이 즐비한 이 길이 '삼수로'라고 불렸으면 좋겠다. 서울의 가로수길, 세로수길, 경리단길만 있는 것이 아닌 부산에는 방패장군길이 있음을 알리고 싶은 작은 소망이다.

▲ 남향을 먼저 매입한다.

이곳 건물을 매입할 때, 무조건 매입하는 게 아닌 사진에 표시한 방향의 건물을 우선 매입한다. 그 이유는 남향이기 때문이다. 이곳은 다들 20여 년 전에 지은 건물로 건폐율 90%에 육박하는, 한 마디로 대지면적을 꽉 채워 건물을 지었다. 지금은 일반적으로 주거지역 건폐율이 50~60% 정도지만, 예전에는 이렇게 건폐율이 매우 높았던 적이 있었다. 그러다 보니 옆집, 뒷집과 건물 틈이 한두 뼘 밖에 안 될 정도로 건물들이 밀집해있다. 길을 중심으로 오른쪽 건물은 창문이 남향을 바라보고 왼쪽에 있는 건물들은 창문이 북향을 바라보고 있다. 따라서 오른쪽에 있는 남향 건물만 매입하는 것이다. 북향 건물을 매입해서 원룸을 만들면 방이 어둡다. 아무리 공사를 잘해놨어도 집이 어두침침하면 은연중에 꺼리게 된다. 나는 특히 낮에 집을 보러 오길 원하는데 이유는 내 건물들은 남향인 덕에 손님들이 방문하는 낮에 집 안이 환해 다른 북향집 원룸들보다 조건이 우월하다. 여기에 최신 건물로 탈바꿈했으니 나를 따라올 자가 없다.

하지만 무조건 북향 건물이라고 마다하는 것은 아니다. 현재 내가 남향 건물을 매입하는 가격보다 훨씬 싸게 매입할 수 있다면 한번 고려해볼 만도 하다.

임차인이 줄 서 있다

모 대학교 캠퍼스 앞의 다가구주택을 매입해 원룸으로 바꾸는 공사를 여러 채 진행하다 보니 나와 안면 있는 학생들이 많다. 기존 우리 집에 살아봤던 학생들은 내 공사 스타일을 알기에 분명 멋지게 변신한다는 점을 파악하고 있다. 한 예로 이제 매입해 막 철거작업이 진행되는 와중에 학생이 찾아와 집을 계약하고 간 일도 있다. 아직 공사가 완료되려면 20일 이상 남았는데도 말이다. 내 스타일을 알기에 공사가 완료되기 전에 미리 좋은 위치의 방을 선점하는 것이다.

대학교 원룸, 신학기만 잘될까?

대학교 앞에서 원룸을 임대 놓으려는 당신, 어느 시기를 노릴 것인가? 아마 대부분 신학기를 노릴 것이다. 실제 입학 시기는 3월이어도 오리엔테이션 때 학생들이 학교에 온 김에 방을 구하는 경우가 많아 1~2월에 계약이 많이 이뤄진다.

그렇다면 그 외 기간에는 어떨까?

현재 공사를 진행하는 건물들은 10~11월에 매입한 것으로 공사가 완료된 후 11~12월에 임대를 놓을 예정이다. 그렇다면 다음 해 1~2월까지 공실인 채로 기다려야 할까? 그렇지 않다.

일반적으로 신학기 때 수요가 많은 것은 맞지만, 그 외 기간에도 틈새시장이 존재한다. 바로 방학이 되면 기숙사를 비워줘야 하는 학생들이다. 짐을 들고 기숙사를 나와야 하는 학생 중 일부는 집으로 돌아가는 경우도 있지만, 일부는 학교 앞 원룸에 방을 얻어 생활하는 경우도 많다. 무거운 짐을 보내고 집에 갔다 다시 돌아오기가 번거롭기 때문이다. 또한, 기숙사는 신입생들에게 우선 배정이 되므로 기존에 기숙사를 사용했던 재학생들은 기한 만기로 더 이상 기숙사를 이용할 수 없게 되는 경우도 많다. 이런 학생들이 기숙사를 나오며 본격적인 거처를 구하게 되는 시기가 바로 11~12월이다.

여름방학도 마찬가지다. 군 제대 후 계절 학기로 편입하는 복학생들이 방을 구하는 시기가 7~8월이다. 따라서 신학기 외 시기에도 꾸준히 임대가 잘 되는 곳이 바로 대학교 앞 원룸이다. 보통 잘 모르는 사람들이 신학기만을 바라보고 기다리고 있다가 한꺼번에 신학기에 맞춰 임대물량을 내놓기도 하는데 반드시 그럴 필요는 없다. 하지만 전체 기간을 놓고 본다면 신학기에 수요가 많은 점은 부인할 수 없는 사실이다. 그래서 나도 될 수 있으면 계약만료는 신학기에 맞춰놓는다. 5월에 계약한 학생이라도 만료 기간이 2년 후 5월이 아닌 1~2월로 말이다. 이 조건이 맞지 않으면 계약하지 않는다. 실제 학생들도 이 시기까지만 집을 필요로 하는 경우가 많아 서로 수월하게 계약이 이뤄진다.

단, 앞서 누누이 말했듯 모든 원룸이 아닌 교통이 불편한 곳에 위치한 대학교 원룸이어야 임대가 잘 되고 계절에 크게 구애받지 않는다는 점을 잊어선 안 된다.

그 지역 최고가 돼라

경영 전략은 통상적인 관념을 깨는 곳에서 출발해야 성공할 가능성이 높아진다. 수많은 경쟁자들을 이기려면 뭔가 소비자의 마음을 콕 찌를 수 있는 '차별화'가 생명이다. 단순한 비용 절감 차원으로는 소위 말하는 대박은 없기 때문이다. 나는 차별화 전략으로 대공사를 통해 기존 건물에서 완전히 탈피한다. 바로 명품 회사들처럼 특별한 제품으로 경쟁자들보다 상대적으로 높은 가격을 받을 수 있는 능력을 지향한다. 차별화가 가능하게 되는 것은 경쟁자들이 쉽게 모방할 수 없는 독특함이 있기 때문이다. 명품은 소비자들의 최고 지향 심리와 관계가 깊다.

난 당신들과 달라

우리나라 사람들은 명품이라면 조건 없는 사랑을 보인다. 본래 명품이란 사전적 의미로 보면 '예술적 가치가 있고 뛰어난 품질을 담고 있는 물건이나 작품'이다. 하지만 우리나라에서는 명품의 의미가 돈 많은 사람이 애용하는 물건이나 작품으로 해석된다. 명품을 들고 다닌다 → 경제적인 여유가 있다 → 비싼 상품을 즐긴다 → 사회적 계층이 높다고 해석되는 것이다. 명품은 자존심 고양의 효과도 한몫한다. 명품을 들면 나도 덩달아 품격 높은 사람으로 느껴지며 왠지 남들보다 잘난 것 같은 우월감을 느낄 수 있기 때문이다.

나는 공사에도 명품전략을 구사한다. 그 지역에서 내 건물이 제일 돋보일 수 있게, 누구도 흉내 낼 수 없도록 한다. 이는 내 자존심과도 직결된다. 평소 유순한 편이지만 일에서만큼은 지기 싫어한다. 내 집을 보고 한눈에 반할 수 있게 만드는 게 전략이다. 가격은 중요하지 않다. 실제 인근에 보증금 300만 원/월 20만 원 원룸도 많다. 하지만 나는 차별화를 추구한다. 최고로 건물을 만들어놓은 후 보증금 300만 원/월 30만 원(미니 투룸 40만 원)을 받는다.

내 건물에 방을 얻으러 오는 학생들은 집에 들어서자마자 '와…' 하고 놀란다. 이제껏 보던 옆집들 원룸과는 차원이 다르기 때문이다. 따라서 다른 집 볼 것 없이 그 자리에서 계약하는 경우가 많다. 실제 나는 방을 보러올 때 반드시 학생을 동행할 것을 요구한다. 학생 없이 어른만 오면 될 수 있으면 보여주지 않는다. 실수요자라기보다 내부 인테리어 정보를 염탐하러 온 사람일 수도 있기 때문이다. 또한, 학생을 꼭 동행하도록 요구하는 이유는 어차피 방을 사용할 사람은 학생이기 때문이다. 부모 입장에서는 이왕이면 월세가 싼 원룸이 좋을 것이고, 학생 입장에서는 본인 눈에 좋아 보이는 원룸이 좋을 것이다. 부모와 학생이 같이 집을 보러 다니면 우리 집은 백발백중 계약이 된다. 학생이 다른 집을 꺼리기 때문이다. 어차피 월세는 부모가 내는 터라 학생은 멋진 곳에서 살고 싶어 한다. 부모 입장에서는 자녀가 이렇게 좋아하는데, 계약을 안 할 수 없다. 그래서 반드시 부모와 학생이 동행했을 때 집을 보여준다.

이처럼 인근 원룸보다 가격이 높은데도 공실이 없는 이유는 최고 전략으로 우월성을 부여했기 때문이다. 비싼 가격을 치르더라도 꼭 사고 싶은 명품처럼, 내 건물은 꼭 살고 싶은 명품집인 것이다.

처음부터 원룸으로 지은 건물은 신중하라

지금은 다가구주택을 매입해 원룸으로 바꾸는 대공사를 진행하는 형태지만, 처음부터 이런 공사를 한 것은 아니다. 처음엔 나도 원룸으로 건물을 짓기도 하고, 기존 신축 원룸을 매입하기도 하며 임대사업을 했다. 말끔히 지어진 신축 원룸은 초기에 임대가 잘 돼 세상이 내 것 같았다. 그렇게 1~2년 동안 공실이 없고 대기자가 생길 정도로 운영이 잘 됐던 원룸이 주변에 신축 원룸이 들어서면서 상황이 바뀌기 시작했다. 신축한 원룸에 비해 내 원룸은 구옥이 돼 임차인이 빠져나가 공실이 발생하는 것이다. 한번 발생한 공실은 임대료를 내려 신축과 경쟁력을 갖추지 않은 이상 승부가 나지 않는다. 임대료를 고수하자니 공실이 발생하고 임대료를 낮추자니 수익률이 떨어진다. 이래저래 고민이 많아지며 머리가 아프다. 따라서 처음부터 원룸으로 지어진 건물은 신중한 게 좋다. 지금은 내 건물이 제일 반짝이지만 1~2년 후에 더 반짝이는 건물이 들어서며 빛이 퇴색되기 때문이다.

그렇다고 내가 원룸을 매입하지 않는 것은 아니다. 시세보다 훨씬 싸게 살 수 있는 급한 사연 있는 물건은 얼마든지 매수한다. 예를 들어 6억 원짜리 건물을 3억 원에 인수한 경우 애초부터 워낙 싼 가격에 매입했기에 1~2억 원을 들여 리모델링해서 그 지역에서 제일 반짝이는 건물로 바꿔놓는다. 매수가격에 공사비용까지 더해도 시세보다 저렴하기 때문에 이미 이긴 게임이다. 이처럼 결과가 보장된 원룸은 사들이지만 후발주자가 나를 앞지를 여지를 두는 신축 원룸 사업은 하지 않는다. 나 스스로 만들어가는 부동산이 돈이 되지, 만들어진 부동산은 돈이 안 된다는 걸 깨달았기 때문이다.

후발주자가 없는 곳이 좋다

대공사를 진행해서 이렇게 최고의 원룸시설을 구사하게 된 이유는 우리 아이의 영향이 컸다. 다른 지역에서 대학교에 다니는 아이의 방을 구해주기 위해 학교 앞 원룸을 살펴보러 다닌 적이 있었다. 하지만 보는 원룸마다 그다지 맘에 들지 않았다. 더 좋은 시설의 원룸을 구해주고 싶어 샅샅이 찾아봤지만, 대동소이할 뿐 더 뛰어난

시설은 없었다. 할 수 없이 원룸을 구해주고 돌아서는 발걸음이 무거웠다.

'아… 최고로 좋은 시설의 원룸이 있으면 얼마나 좋을까? 깨끗한 집에서 불편함 없이 공부할 수 있는 환경을 만들어주고 싶다.'

이렇게 착안한 생각이 오늘의 원룸 사업을 이끌었다. 실제 나와 같은 생각을 하는 부모들이 많을 것이기 때문이다. 그래서 대학교 앞에서 최고로 좋은 시설의 원룸을 갖추기로 맘먹고 지역을 살피러 다녀 해운대구에 위치한 모 대학교 캠퍼스 앞을 주목했다. 통학이 불편할수록 원룸 사업이 잘되기 때문이다.

단순 교통문제뿐만 아니라 지역의 영향도 건물을 고르는 데 일조했다. 앞서 신축 원룸일지라도 1~2년 후에 신축 원룸이 들어서면 내 원룸은 구옥이 돼 공실이 발생한다고 말했다. 즉, 경쟁자가 언제든지 진입 가능한 지역은 시한폭탄이다. 아직 터지진 않았지만 언제든 터질 수 있기 때문이다. 누가 봐도 번듯한 지역, 돈이 많은 지역은 언제든 후발주자가 나선다. 내가 5,000만 원을 들여 대공사를 진행해놨어도 1~2년 후에 8,000만 원 들여 공사한 집이 등장한다면, 아무리 대학교 앞 원룸이라 할지라도 내 건물은 퇴색하게 된다. 따라서 후발주자가 쉽게 나설 수 없는 지역이 좋다. 쉽게 말해 부자 동네로 가지 말고 가난한 동네로 가라는 뜻이다.

실제 내가 투자하고 있는 지역에서 매입한 다가구주택 중에 공실로 방치돼 있던 건물도 있었다. 너무나 허름한 건물 탓에 기존 임차인이 나간 뒤로는 새 임차인이 구해지지 않았다. 수리하자니 소유주가 연세가 지긋한 어르신이라 엄두가 나질 않는다. 특히 큰돈이 들어가는 공사비용을 감당할 수 없다. 집값이 4,000만 원인데 5,000만 원의 돈을 들여 공사하라면 누가 하겠는가? 아마 미쳤다고 할 것이다. 이분들이 수리한다 해도 기껏해야 공사비 1,000~2,000만 원 내외다. 그러니 나와 상대가 되질 않는 것이다. 그나마 자금 여력이 있는 분이 이렇게 소공사라도 진행하지만, 자금 여력이 없는 분은 몇 달째 공실로 방치하다 헐값에 넘기는 것이다.

진심은 통한다

눈에 보이는 공사만 말끔하게 진행하는 것이 아닌, 보이지 않는 곳까지 세심한 신경을 쓴다. 대표적인 작업이 바로 바퀴벌레 방역작업이다. 건물의 내력벽만 남겨놓고 모조리 뜯어 새로 작업하기에 바퀴벌레가 생길 여력이 없지만 그래도 청결을 기하기 위해 공사 완료 후에 바퀴벌레 방역업체를 불러 건물 전체를 방역 소독한다. 따라서 실제 내 건물에서 바퀴벌레가 나온 적이 없다.

"영수가 사는 원룸은 바퀴벌레가 나왔는데, 미선이가 사는 원룸은 바퀴벌레는커녕 개미 한 마리 안 나오더라…."

눈에 보이지 않는 곳까지 신경 쓰다 보니 학생들 사이에 이렇게 입소문이 나기 시작했다. 특히 여학생들이 매우 선호하는 원룸으로 말이다. 나도 자식 키우는 입장에서 부모 마음으로 하나라도 더 신경 쓰고자 노력했는데 학생들이 알아주니 흐뭇해졌다. 이런 소식이 그 부모님 귀에도 들어갈 테니 얼마나 마음 놓이겠는가. 실제 원룸 월세는 대부분 부모님이 송금하는데, 월세를 빨리 보낸 적은 있어도 하루도 밀린 적이 없다.

세상이 뒤바뀐다 해도 끄떡없다

투자의 가장 일반적인 원칙은 '수익성', '안정성', 그리고 '환금성' 이다. 그런데 문제는 모든 것을 갖춘 투자 상품은 없다는 것이다. 예컨대, 예금은 안전성은 뛰어나지만 수익성은 낮고, 주식은 수익성은 뛰어나지만 안정성이 떨어진다. 부동산은 수익성과 안정성 면에서 매력이 크지만, 환금성이 어렵다는 오해를 받기도 한다.

돈을 얼마나 쉽고 빠르게 현금으로 바꿀 수 있느냐를 말하는 '환금성'. 아무리 수익이 높고 안전하다고 해도 필요로 할 때 현금으로 바꿀 수 없다면 그림의 떡이나 마찬가지다. 그래서 연령에 따라 부동산 투자 포인트가 다르다. 40대는 토지 50%, 아파트+수익형 부동산 50%, 50대는 토지 30%, 아파트+수익형 부동산 70%, 60대 이상은 아파트+수익형 부동산에 대부분 비중을 두는 것이 좋다.

50대 초반인 나는 30대부터 부동산 투자를 하며 이처럼 투자 포트폴리오를 구성한지라 10,000평 이상의 임야를 비롯한 논·밭 등 토지, 아파트, 수익형 부동산에 골고루 투자해놓았다. 보통 사람들은 은퇴자금으로 수익형 부동산에 투자하는 경우가 많다. 꼬박꼬박 나오는 월세는 삶의 안정감을 주기 때문이다. 하지만 아무리 수익률이 높다 한들 목돈이 필요할 때 팔리지 않는다면 애물단지나 마찬가지일 것이다.

부동산 가격이 높을수록 살 수 있는 사람은 한정적이다. 피라미드 구조를 연상해보면 이해가 쉽다. 경제활동 인구 중 1억 원 미만의 자금을 투자할 수 있는 사람이 1,000만 명이라고 가정하면 10억 원 이상 자금을 투자할 수 있는 사람은 10만 명 정도 될까? 그래서 1억 원짜리 물건은 누구나 쉽게 관심을 가질 수 있지만 10억 원짜리 물건은 수요가 제한적이다. 따라서 수익형 부동산이라도 현재 수익률만 보지 말고 되도록 환금성을 고려해 투자하면 좋다.

실제 내가 만들어 놓은 수익형 부동산은 매입비용과 공사비용을

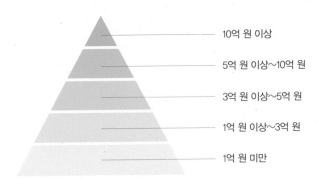

10억 원 이상

5억 원 이상~10억 원

3억 원 이상~5억 원

1억 원 이상~3억 원

1억 원 미만

합해 평균 1억 원 내외가 소요된다. 이 건물에서 보증금 1,500만 원/월 150만 원 내외의 임대료를 꼬박꼬박 받으며 20% 이상의 수익률을 유지하다, 목돈이 필요할 때 2억 원에 내놓으면 언제든지 잘 팔린다. 2억 원의 매도가격 산정은 수익률 10%를 맞춘 가격이다(2억 원-임차보증금 1,500만 원=실 매수가격 1억 8,500만 원). 높은 수익률과 함께 1억 원의 양도차익까지 더불어 얻을 수 있는 수익형 부동산은 이처럼 낮은 가격으로 다수의 매수인을 상대해야 환금성이 좋다.

부동산 하락기에도, 정부의 부동산 규제 정책으로 보유세가 강화되더라도, 임대소득에 과세가 된다 해도 나는 끄떡없다. 부동산이 하락기인들 이미 최저점에 매입한 물건인 만큼 더 떨어질 여력이 없다. 세금이 강화된다 해도 이미 수익률이 충분히 높기에 전혀 지장이 없다. 따라서 곧이어 다가올 대세 하락의 비바람에 추풍낙엽처럼 가격이 내려가는 아파트 등의 부동산만 보지 말고 안목을 넓혀보자. 세찬 비바람에도 흔들리지 않는 자신만의 투자 포트폴리오를 만들어 굳건하고 안정된 투자 자산을 만들어나가길 바란다.

목돈을 깔고 앉은 채 푼돈 벌러 다닌다

서울 강남의 32평 아파트값은 10억 원이 넘는다. 이곳에 살면서 바쁘게 직장 다니며 헐레벌떡 일한다. 집안일하랴, 직장일하랴, 아이들 돌보랴… 아내는 늘 피곤하고 스트레스에 쌓여 있다. 해도 해도 끝이 없는 집안일, 열 사람 어질러도 치우는 사람은 한 사람뿐이라면 어찌 그 한 사람이 행복을 느낄 수 있겠는가? 남편은 남편대로 온종일 직장에서 상사에 시달리고 업무에 스트레스받는다. 집에 오면 아내에게 따뜻한 위로와 따끈한 저녁이 준비된 식탁을 기대하고자 하는데 이 와중에 내가 밥까지 차려야 하냐는 아내 성화를 듣는다. 아파트값은 10억 원이지만, 삶의 질은 10억 원에 훨씬 못 미치는 게 맞벌이 삶의 애환이다.

'이대로는 안 되겠어, 우리도 재테크를 해보자'라며 굳은 결심을 하고 책도 읽고 강의도 듣는다. 성공적인 재테크를 통해 높은 수익을 얻고 싶어 하면서도 정작 자신이 깔고 앉아 있는 돈의 가치가 얼마인지를 모르는 걸 보면 참 아이러니하다. 등잔 밑이 어두운 법, 당사자조차 가치를 모르는 것이다. 이 집값이면 내가 현재 리모델링을 진행하는 지역에서 다가구주택 10채를 매입할 수 있는 돈으로 월 1,500만 원의 수익을 실현할 수 있다.

눈을 넓혀보자

일반적으로 본인이 사는 지역 위주로 투자하는 사람이 많다. 가깝기 때문에 친숙해서 투자에 두렵지 않다는 점이 이유다. 물론 그 지역이 전국적으로 봤을 때 가장 수익률이 높은 지역이라면 모르나 그렇지 않은 경우가 대부분이다.

자기 고장을 달콤하다고 생각하는 사람은 아직도 초심자다. 어디를 가도 고향이라고 생각하는 사람은 이미 강건한 사람이다. 그러나 완벽한 사람은 여행자의 마음으로 온 세상을 느끼는 사람이다.

두려움을 극복해야 수익이 보인다

남이 해놓은 거 보면 대단하다는 생각이 드는데, 자신이 직접 하려니 무섭고 두려울 것이다. 재테크의 가장 큰 어려움은 바로 '두려움'이다. 일반인에게 부동산 투자는 상당한 용기를 필요로 한다. 내가 가진 자산에 은행 대출까지 합산해서 준비할 수 있는 모든 자산을 한 번에 집어넣는 것이 부동산 투자이기 때문에 더욱 그렇다. 자칫 모든 걸 잃을 수도 있다는 두려움에 차라리 하지 않으면 잃지 않는다는 안도감까지 들면서 주저하다가 허송세월한다.

'흙수저'와 '헬조선'을 요란스럽게 말하는 사람들도 그 본질은 열악한 자기 여건이 미래에도 그대로 굳어지는 것이 아닌가 하는 두려움 때문이다. 두려움은 새로운 시도를 막고 용기를 빼앗아간다. 개척정신과 도전정신을 위축시키는 것이다. 그렇다면 사람들은 언제 두려움을 느낄까? 보통 다음 두 가지 경우다.

첫째, 어떤 선택을 해야 할 때다

삶은 선택의 연속이다. 그런데 매번 선택할 때마다 그 결과는 불확실하다. 그래서 선택에 망설이게 되고, 결과에 대한 두려움을 갖게 된다.

둘째, 내가 선택할 수 없는 상황에 놓였을 때다

내가 어떤 결정을 내릴 수 없는 상황이나 위치에서 어떤 결정이나 결과를 기다려야만 할 때 사람들은 최악의 상황을 상상하며 두려움을 느낀다고 한다. 인사 발표나 시험 발표처럼 말이다.

인류가 지금까지 발전해온 것은 두려움 때문이라는 보고가 있다. 날씨에 대한 두려움, 동물들의 공격에서 오는 두려움, 식량에 대한 두려움, 질병에 대한 두려움이 대책을 만들고 노력을 하게 했다는 것이다. 그래서 두려움은 지혜의 시작이라고 말한 학자도 있다. 따라서 두려움을 갖는 것은 부끄러운 일이 아니지만 두렵다는 사실을 누구에게도 말하기가 힘들다. '남자답지 않다', '겁이 많은 사람' 등으로 오해받는 게 두렵기 때문이다.

부동산 재테크를 시작하려는 이들은 과감한 베팅이 필요하다. 돈이 모이기를 기다리지 말고 지금 돈으로 투자할 수 있는 곳을 찾는 것이 중요하다. 처음 투자하는 사람들에게 부동산 투자는 밤잠을 설칠 정도로 신경 쓰이는 일이다. 아마 많은 사람이 당장 좋아 보이는 만들어진 부동산을 선호하는 이유도 이면에는 '두려움'이 있기 때문이다. 임대가 안 될까 두려움, 매매가 안 될까 두려움 등이 있기 때문에 지금 당장 눈에 수익이 보이지 않는 부동산에 투자하기를 꺼리는 것이다. 하지만 무엇이든 처음이 어려운 법이다. 첫 투자의 두려움을 넘는 순간, 새로운 눈이 떠진다. 첫 투자를 통해 일단 실전에 부딪히면 그다음부터는 탄력이 붙어 투자에 대한 두려움이 사라진다.

성공을 간절히 바라면서도 실패에 대한 두려움 때문에 아무것도 하지 못한다면 하늘이 무너질까 봐 걸어다니지 못하는 사람과 무엇이 다르겠는가? 새로운 시작이나 시도를 한다는 사실은 두려움을 줄 수 있다. 하지만 두렵다고 아무 일도 하지 않는 사람은 아무것도 바꿀 수 없다. 그의 미래에 남는 것이라고는 오직 아쉬움뿐일 것이다.

"사람들은 누구나 서울대, 연세대, 고려대보다 좋은 대학을 나왔다. 그것은 바로 '들이대'다"라는 말을 들은 적 있다. 우스갯소리였지만, 아주 적절한 비유에 무릎을 '탁' 쳤다. 여러분도 부동산 투자에 대한 두려움을 극복하고 우선 들이대보길 바란다.

부동산 투자를 시작하면 실패를 할 수도 성공할 수도 있다. 실패했다고 세상이 끝난 것이 아닌, 거기서 뭘 얻고 배웠는지 다음 투자에 응용하면 된다. 하지만 번번이 실패하면 도전하고 싶은 의지를 상실하므로 투자에서 한 번은 성공해야 한다. 그래야 그 재미로 또 투자할 수 있다. 내 돈이 2억 원, 3억 원으로 커갈수록 재미있는 투자처가 더욱 많아진다. 세상은 넓고 투자할 부동산은 많다.

다양한 현장
노하우 대공개

아파트 투자보다 쉬운 월세 부동산 투자

4,000만 원에 매입한 다가구주택을 5,000만 원 공사비를 들여 원룸 공사를 하면 170만 원씩 월세가 들어온다. 170만 원씩 월세를 계속 받으면서 2억 원에 매매해도 좋다. 연 수입이 2,040만 원이므로 10% 수익률이 보장되는 이 원룸을 살 사람은 매우 많다. 즉, 다달이 월세 꼬박꼬박 받다가 언제든 팔고 싶을 땐 바로 팔리는 수익성과 환금성이 뛰어난 물건이다.

흔히 아파트에 투자하는 이유가 오르면 이익을 보고 막상 오르지 않아도 팔기가 수월하기에 투자에 부담 없다는 분들이 많다. 하지만 이는 하나만 알고 둘은 모르는 소리다. 일명 '매전갭'이라 불리는 매매계약 후 전세입자를 얻어 그 차익만으로 아파트 1채를 소유하는 원리는 적은 자본으로 아파트 상승가치를 오롯이 취할 수 있는 방법으로, 부동산 상승기라면 괜찮은 투자다. 예를 들어 매매가 2억 원/전세가 1억 8,000만 원인 아파트를 계약 후 바로 전세입자를 구해 매매잔금을 전세입자의 전세금으로 치른다. 2년 뒤 2억 2,000만 원으로 아파트 가격이 올랐다면 2,000만 원 투자로 2년 사이 2,000만 원을 번 형태니 좋게 생각하면 큰 노력 없이도 쉽게 돈을 벌 수 있는 방법이다.

하지만 부동산 하락기라면 얘기가 달라진다. 상승기에는 오른 시세인 2억 2,000만 원으로 팔기가 비교적 수월해 오른 가치를 그대로 취할 수 있지만, 하락기에 접어들면 상황이 급변한다. 팔려고 내놓은 지 몇 달이 지나도 도저히 팔릴 기미가 보이지 않는 경우가 많다. 본인이 하락기란 걸 체감할 정도면 다른 사람들도 마찬가지다. 사면 떨어질 것이 뻔한 데 전세나 월세로 집을 얻으려 하지 누가 사려고 하겠는가. 거래절벽으로 기존 전세가보다 매매가가 더욱 하락하는 역전세 현상까지 발생하기도 하는 게 이때로 속이 바짝바짝 타들어 가는 시기다. 아파트가 팔기 편하단 소리는 거래절벽을 겪어보지 않는 그야말로 태평한 소리다.

따라서 아파트 투자는 부동산 상승기인지, 하락기인지, 가격이 오를 호재가 있는지, 악재가 있는지, 주변의 입주 물량이 넘쳐나진 않는지 등 모든 사항을 꼼꼼히 살핀 후 투자해야 한다. 한 마디로 생초보들이 하기엔 쉽지 않음에도 불구하고 초보들이 가장 먼저 투자하는 게 아파트니 아이러니하다.

수익형 부동산은 부동산 상승기, 하락기 할 것 없이 모두 잘 나간다. 상승기라면 부동산 투자 인파가 늘어나니 잘 팔리고, 하락기라면 부동산 가격이 떨어질 것을 우려한 투자자들이 안정적 월세가 나오는 모델을 선호하기 때문에 잘 팔린다. 부동산 하락기일수록 안정적인 월세 투자를 해두면 수익을 거두면서 원할 때 언제든지 환가돼 현금을 마련해 상승기에 맞춰 투자할 수 있으니 매우 좋다. 단, 무조건 월세 나온다고 다 좋다는 게 아니다. 많은 월세가 나오면서 원할 때 언제든지 환가할 수 있는 수익형 모델이 좋다는 뜻이다.

왜 짓지 않고 고치지?

수익률이 높으면 건물은 잘 팔린다. 특히 퇴직금을 노후자금으로 활용해야 하는 은퇴자들에게 이렇게 좋은 물건이 없다. 건물 건체공사를 통해 완벽하게 탈바꿈해 임차인이 모두 맞춰져 꼬박꼬박 월세 나오는 물건은 수익률이 좋은 동시에 관리가 쉽다. 이미 모든 시설은 새로 교체해놨기 때문이다. 실제 내가 만들어놓은 건물을 내놓으면 바로 팔린다.

건물을 새것처럼 탈바꿈하려면 대대적인 리모델링이 필요하다. 리모델링이란 안전에 문제가 되는 구조벽이나 내벽은 그대로 두고 외벽과 마감재 등을 고쳐 헌 건물을 새 건물로 바꾸는 것을 말한다. 시각적인 면이나 활용도에 있어 기존 건축물의 가치를 크게 향상시키는 방식이다. 이는 건물의 상태에 따라 화장하는 정도로 끝낼 수도, 전신 성형을 감행할 수도 있다. 개인적으로 나는 화장하는 정도의 공사는 리모델링, 전신 성형을 하는 공사는 대공사라고 부른다.

신축하지 않고 공사를 하는 이유는 신축에 비해 비용이 적게 드는 데다 건물을 지을 당시인 15~20년 전의 법규를 계속 적용받는 등 여러 가지 유리한 점이 많기 때문이다. 지은 지 15년이 넘은 건물은 내부색상이 바래고 얼룩지며 유행에 뒤떨어진다. 또한, 15년 이상 노후건물은 매도 시 건물값을 계산하지 않고 토지가격만 계산하는 경우가 많아 싸게 매입할 수 있다. 노후상가인 경우에도 리모델링은 기존법규를 계속 적용받게 돼 주차장 확보 면적, 도로에서의 건축선 제한, 건폐율 제한 등에서 기존 건축물을 철거하고 신축할 때보다 유리하다.

건물의 상태에 따라 대, 중, 소로 공사 규모가 달라진다. 건물 골조만 남겨놓고 모두 철거한 후 섀시부터 내부시설, 외벽 마감 등 전체공사를 진행하는 대공사가 있고, 비교적 건물상태가 양호해 리모델링을 거치는 중공사가 있다. 조금만 손보면 되는 소공사 규모의 건물은 될 수 있으면 매입하지 않는다. 이런 물건은 누가 봐도 상태가 양호하기 때문에 매입가격이 올라갈 수 있기 때문이다. 모두가 외면하는 물건, 도저히 답이 안 나오는 상태의 건물을 싸게 매입해 전체 공사를 진행하기에 높은 공사비용이 발생한다. 따라서 공사비를 어떻게 줄이냐에 따라 수익률이 달라진다. 그래서 나는 직접 공사를 진두지휘한다. 실제 초기에 공사 전문업체에 견적을 의뢰한 적이 있는데 대공사가 아니었음에도 4,000만 원이 나왔다. 견적서 내용을 봐도 특별히 큰돈이 들어가는 공사가 아니었다.

'업체에 맡기지 말고 직접 공사를 해보자.'

비싼 견적서는 공사경험이 없던 나의 도전 욕구를 자극하기에 충분했다.

직접 공사를 진행하다

나는 건축과 출신도 아니고, 건축업에 종사한 적도 없다. 일반인들이 아는 정도의 건축 상식(?) 정도만 가진 내가 공사를 진행했다. 처음 공사를 시작하면서 우여곡절도 많았지만 여러 공사를 진행하며 나름 노하우가 생겼다. 분명한 점은 직접 공사를 진행하면 고생은 3배, 만족은 10배라는 점이다.

모든 건물은 하자 문제가 발생할 수 있다. 노후로 인해 발생하는 가장 빈번한 하자는 누수, 옥상 방수 결함, 크랙, 곰팡이 등이다.

노후건물 공사 시 반드시 체크해야 할 6가지

크랙

크랙이란 기온이나 외부 영향 등의 이유로 건물 외벽이 노후화 되면서 틈새가 갈라지는 경우다. 갈라진 틈으로 수분이 내부까지 영향을 미쳐 건물 전체 성능에 문제를 일으킨다. 벽체의 갈라진 틈으로 '라돈' 등의 환경호르몬의 영향이 발생할 수 있으니, 틈새를 메워주고 예방 차원의 마감을 해주는 것이 좋다. 외부 벽체의 근본적인 원인이 없는지 살펴보고, 외부의 결함을 개선(옥상 방수 문제나 외벽 크랙 등)한다.

보수작업은 균열 부위에 V자 커팅해 크랙 보수용 충진재로 갈라진 틈을 채워주고, 2~3차 일반 퍼티로 마무리한다.

크랙 보수 업체를 활용하며 비용은 인건비 + 투입재료비 + 크랙의 크기와 개수만큼 소요된다.

△ 균열 부위에 V자 커팅한 후, 충진재로 틈을 메우고 일반 퍼티로 마무리한다.

누수

누수란 물이 새는 것을 가리키는 말로, 현재 우리나라의 수도 누수율은 16~20%가량으로 추정된다. 누수의 종류로는 배관 누수가 70~80%로 가장 많으며, 그밖에 오·폐수 배관, 건물 크랙, 방수하자, 욕조, 결로 현상 등에 의해 발생한다. 누수확률은 온수 배관이 75%, 난방 배관 15%, 직수 기타 10% 정도 된다.

누수가 발생했을 때 먼저 위층의 누수 부위를 찾는 것이 중요하다. 누수 탐지작업은 보일러 난방 배관에 있는 물을 제

△ 천장 누수가 발생한 모습

거하고 난방관에 압력을 걸어 압력검사를 한다. 누수음이 감지되는 곳의 바닥에 활석 작업을 하고 누수 지점에 비눗물을 발라봐서 누수 발생지점이 맞음을 확인한다. 시멘트를 벗겨낸 후 난방관이 동관이면 가스용접으로 균열을 보수한다. 보수가 끝나면 다시 한번 누수 여부를 확인한 후 시멘트몰탈 미장 마감을 한다.

▲ 보일러 난방관에 압력을 걸어 누수탐지 작업을 한 후, 누수 부위 시멘트를 벗겨내 보수작업을 진행한다.

결로(곰팡이)

실내·외의 온도 차가 15도 이상 벌어지면 집 내부에 발생하기 쉬운 결로는 주로 겨울철에 많이 발생한다. 실외의 건조하고 차가운 공기와 실내의 수분이 많은 따뜻한 공기가 만나 벽면에 물방울이 생겨 곰팡이가 급속도로 퍼지기 쉽다. 이를 예방하기 위해 건축 시 단열 시공을 하는데 단열재 사이에 틈이 발생했거나, 기준치보다 얇은 단열재를 사용하는 경우 하자가 발생할 수 있다. 건물 형태와 결로 상태에 따라 단열 페인트, 단열 벽지, 내부 단열재 시공 등으로 해결할 수 있다.

▲ 내부 단열재 시공 모습

배수구 교체

공동주택과 달리 단독주택은 반드시 배수구를 사전 점검해야 한다. 막힌 곳은 없는지, 어떤 장소와 연결돼 배수되는지 확인한다. 설비 업체를 활용하며 비용은 인건비+투입재료비+작업의 난이도만큼 소요된다.

▲ 배수구를 교체한 모습

섀시 노후현상

노후 된 주택의 섀시에 최상층이나 건물 외벽으로부터 수분이 지속적으로 침투되면 섀시 면과 콘크리트면 사이에 하얀 석회질이 생겨난다. 이를 섀시의 백화 현상이라고 한다. 백화된 면은 섀시를 철거하면서 제거해야 한다.

▲ 섀시 백화 현상

옥상 방수

옥상 방수공사 시에는 누수의 원인을 먼저 파악하고, 옥상의 상태나 형태에 따라 방수공법을 선택해야 한다. 옥상 방수공법으로는 혼합형 유성 우레탄 방수, 일액형 수용성 우레탄 방수, 에폭시 방수, 우레탄폼 방수, 복합단열 시트 방수 등이 있다. 옥상 방수는 업체마다 방식과 가격이 천차만별이다. 옥상 방수는 부분적으로 수리하면 다시 문제가 발생할 수 있으므로, 기존의 방수재를 걷어내거나 새로운 기법을 적용하는 방안을 여러모로 고민해야 한다. 비용은 투입되는 인건비와 재료비를 협의하고 A/S에 관한 내용도 서면으로 확실히 남겨두는 것도 좋다.

▲ 1차 방수 작업

▲ 복합단열 시트 방수 시공 후

어디서 인부를 구하지?

직접 공사를 진행하라고 하면 대부분 어디서부터 시작해야 할지 갈피를 못 잡는 경우가 많다. 업체에 맡기면 알아서 인부를 부르고 알아서 작업지휘를 하기 때문에 소유자는 수시로 가보며 공사 진행 사항만 체크하면 된다. 하지만 직접 공사를 진행한다면 하나부터 열까지 모든 인부를 내가 부르고 자재를 주문해야 해서 막연하기 그지 없다. 평소 이 분야에 종사하는 작업자를 알면 도움을 요청할 수도 있겠지만 그렇지 못한 경우가 대부분이다. 나도 처음에는 아는 작업자가 전혀 없었지만, 지금은 오랫동안 공사를 진행하다 보니 내가 사는 부산에는 같이 작업하는 팀이 있을 정도다.

하지만 타지에서 공사를 진행할 때는 나와 작업하는 팀과 함께 그 지역 공사를 진행하는 게 아닌, 그 지역에 사는 작업자들과 한다. 이유는 공사 작업의 특성상 소음과 먼지, 각종 자재를 싣고 드나드는 차량 등으로 이웃집이 불편을 겪을 수 있다. 이런 경우 자칫 이웃과 사이가 좋지 않게 번지면 민원의 소지가 발생해 공사 진행에 어려움을 겪기도 한다. 이때 공사 작업자가 그 지역 사람이라면, 특히 그 동네에 사는 분이라면 서로 아는 이웃이기에 웬만한 불편함은 공사가 끝날 때까지 서로 이해하고 넘어가는 경우가 많다. 이런 이유로 타 지역에서 공사를 진행할 때는 나도 그 지역 인부를 찾아야 하는 입장이 된다.

타지에서 공사를 진행하기 위해 내가 가장 먼저 찾아가는 곳이 있다. 바로 인심 좋은 페인트 가게다. 페인트 가게는 공사 인부들의 쉼터 같은 곳이다. 다른 종목과 달리 페인트는 가게가 존재한다. 그러다 보니 이곳은 작업자들이 오가며 차 한 잔 마시며 담소를 나누는 공간으로 자리매김해서 다양한 작업자와 연관이 돼 있을 수밖에 없다. 그래서 페인트를 주문하며 실력 좋은 작업자를 연결시켜달라고 부탁하는 것이다. 그렇게 연결된 작업자와 일을 하다가 서로 스타일이 맞지 않으면 다른 사람으로 교체하면 된다. 만약 목수가 맘에 들지 않는다면 타일 작업자 등 다른 사람에게 실력 좋은 목수를 추천해달라고 부탁하는 것이다. 작업자들끼리는 누가 실력이 좋고 나쁜지 알고 있으므로 이렇게 추천받는 것이다.

그러므로 공사를 해본 적 없다고, 아는 작업자가 없다고 핑계 대지 말자. 뭐든 처음이 어렵고 두려운 법이다. 한 번만 겪어보면 큰일을 해낸 자신이 자랑스럽게 느껴져 얼른 다음 공사를 통해 또 다른 작품을 만들고 싶을 것이다.

현장을 지키고 있어야 한다

오래된 건물을 매입할 때는 땅값만 계산해서 매입한다. 건물 철거비용은 내가 부담하는 식이다. 철거비용은 건물마다 다른데 내가 주도하는 노후주택 리모델링 공사의 경우 철거 인부를 직접 인건비를 주고 고용해 일을 시키므로 보통 평당 5만 원 선이다. 이에 반해 철거업체를 통해 일하면 평당 15~20만 원 선이며 특수폐기물 비용은 별도로 발생한다. 건물에 따라서 철거하고 짓는 편이 나은 경우도 있고, 기존 건물의 대공사를 통해 환골탈태하는 편이 나은 경우도 있다. 건물을 철거할 거면 차라리 빈 땅을 사라고 말하는 사람도 있을 텐데 이는 생각해볼 문제다. 허름하더라도 주택이 있다면 매매가의 1.1~1.3%(6억 원 이하)의 취득세를 내지만, 토지만 있을 때는 4.6%가 취득세로 책정된다. 따라서 매매가의 3.5%보다 철거비가

적으면 허름한 주택을 사는 게 낫다. 참고로 마당이 넓은 단독주택인 경우 건축면적의 5배(도시지역 외는 10배)의 토지는 주택으로 인정되고 그 외 면적은 토지로 보아 취득세가 부과된다.

공사를 통해 방을 원룸으로 나눌 때도 요령이 있다. 만약 해당 층에 방 2개가 남향으로 배치돼 있다면 이를 구분해서 4개의 원룸으로 만들어도 지장이 없다. 하지만 구조상 방 하나는 남향, 하나는 북향이라면 북향 방을 나누면 안 된다. 빛이 들어오지 않아 방이 컴컴하기 때문이다. 방을 나눌 때 될 수 있으면 자연채광이 들어올 수 있게 배치해야 고객만족도가 높아 계약이 수월하다.

건물마다 약간 차이는 있지만, 공사 기간은 평균 한 달 정도 소요된다. 전체를 다 뜯어고치는 대공사는 두 달 가까이 소요되는 경우도 많다. 도시가스, 전기, 수도를 다시 설치해야 하기 때문이다. 기존에 재래식 화장실을 쓰던 건물도 많기에 정화조를 묻고 수세식 화장실을 설치해 욕실을 새로 만들어야 한다. 재래식 화장실을 수세식 화장실로 고치는 비용만 해도 1,000만 원 가까이 들기에 기존 소유주가 공사를 엄두 못 내는 이유가 이래서다.

수도, 가스, 배관 등을 담당하는 설비업체는 공사비용을 책정해 공사를 진행한다. 원래 설비업자는 하루 일당 받고는 들어오지 않지만 나와 계속 거래한 작업자가 하루 일당씩 받고 공사를 진행해준다. 외부에 있는 재래식 화장실 없앤 후 굴착기 작업으로 정화조를 묻고 건물 내 수세식 화장실을 5개 만든 후 수도배관을 전부 설치하는 데 400만 원(인건비 25만 원×7일+자재비+굴착기 비용)도 들지 않았다. 업체에 맡겼으면 1,000만 원 넘게 불렀을 것이다. 이런 이유로 보통 인건비 받고 일을 안 해주려 하는데 다행히 작업자와의 친분으로 비용이 많이 감소했다.

이번에 반경 500m 이내 거리에 둔 다가구주택 4곳의 현장을 동시에 원룸(또는 투룸)으로 대공사를 진행하다 보니 철거 외에도 목공, 미장, 섀시, 타일, 설비, 전기, 가스, 페인트, 싱크대, 도배·장판까지 하루에 보통 10팀이 들어온다. 한 팀의 구성은 전문가 1명, 보조 1명으로 구성되며 인건비는 전문가(기공) 25만 원, 보조 15만 원이다. 팀에 따라 보조가 2~3명으로 늘기도 한다. 따라서 하루에 들어가는 일당만 해도 500만 원이 훌쩍 넘는다. 하루에 들어가는 인건비만 해도 만만치 않다 보니 제대로 된 공정을 위해 늘 현장에 나와 있어야 한다. 공사라는 게 소유자의 의도에 맞게 진행돼야 만족도가 높으므로 공사 의도와 진행방향을 끊임없이 어필해야 한다. 그렇지 않으면 작업자가 원래 하던 방식대로 작업해놓기 때문이다. 그 방식이 소유자의 의도와 맞아 떨어지면 다행이지만, 그렇지 않으면 뜯어내고 다시 작업해야 하는 이중고를 겪는다. 따라서 서로 의사소통이 원활해야 작업능률도 오르고 속도가 빠르므로 작업현장을 떠나지 않는 게 좋다.

계약 전 설계도면 유무를 살펴라

헌 다가구주택을 원룸으로 만들어 여러 개의 방을 만드는 공사는 특별히 건축 인허가의 문제가 발생하지 않는다. 왜냐하면, 워낙 오래전에 지어진 건물이기에 구청에 설계도면이 없기 때문이다. 건축법이 시행되며 설계도면의 제출이 의무화됐지만 20~30년 전에 지어진 주택은 설계도면 없이 건축신고만으로 건축할 수 있었다. 설계도면과 다르게 주택을 고치거나 건축물대장상 건축물 용도와 다르게 사용한다면 위반건축물 소지가 발생하지만, 애초에 설계도면이 없으므로 주택의 내부구조를 바꾸는 것은 문제가 되지 않는다. 단, 내력벽 등을 철거하는 행위는 구조 안전에 영향을 줄 수 있으므로 신중해야 한다.

상가주택인 경우 구옥이라도 설계도면 유무를 살피는 것이 좋다. 수십 년 전에 지어진 주택은 설계도면이 없는 경우가 대부분이지만 상가주택은 오래전에 지어졌더라도 구청에 설계도면이 접수돼 있는 경우가 있다. 이런 경우 리모델링을 하더라도 설계도면에 맞게 해야 한다. 만약 설계도에 방이 2개로 표시돼 있다면 방을 3개로 나누는 공사는 하지 못한다. 3개로 나누는 공사를 진행한다면 주차대수를 늘려야 하기 때문이다. 주차부지를 더 매입하지 않는 이상 불가능하다는 얘기다. 또한, 기존처럼 2개의 방으로 리모델링한다 해도 설계도면과 벗어나게 방의 위치를 변경하지 못한다. 따라서 해당 설계도면의 유무를 구청에 미리 확인해야 낭패가 없다. 매도자가 설계도면이 없다고 말해도 직접 구청을 통해 최종 확인하는 게 좋다. 설계도면의 확인은 소유자만 가능하므로 매수자는 계약서를 작성하기 전에 소유자와 함께 구청을 방문해 설계도면의 유무를 확인한 후 설계도면이 있다면 발급받아 확인해야 한다.

현장용어를 알아야 통한다

"여기 나라시 좀 해."
"오늘 단도리 좀 잘해라."
"거기 고데 좀 갖다 줘봐."

분명 한글로 쓰여 있는데 이게 도대체 무슨 말일까? 건설현장에서는 일본어가 많이 쓰이고 있다. 일제 시절 공사기술을 배운 사람들이 일본어를 기반으로 현장용어를 사용해서 전국적으로 확산, 현재까지 유래돼 오기 때문이다. 물론 최대한 우리말을 쓰도록 노력하지만, 작업자와 빠른 의사소통을 위해서는 현장용어를 알아두는 게 좋다. 그래야 서로 뭘 원하는지 정확하게 이해하기 때문이다. 작업자들은 용어 하나만으로도 소유자가 공사를 해본 사람인지 아닌지 한눈에 알아보므로 어느 정도 현장용어는 익혀두는 게 좋다.

남성 인력 직종 분류

- 조공(=데모도) : 흔히 잡부라고도 많이 부르며, 기술자들이 하는 일을 도와주는 일로 신체 건강한 자는 누구나 할 수 있다.
- 왈가닥 : 철거 후 나오는 폐기물을 버리거나 나르는 일
- 곰방 : 무거운 짐을 계단을 통해 나르는 일
- 미장 : 시멘트, 몰탈이나 회반죽, 석고 프라스타 및 기타 미장 재료를 이용해 구조물의 내외표면에 바름작업을 하는 것
- 조적 : 벽돌 및 블럭을 쌓기 및 해체 등의 작업
- 석공 : 돌, 대리석 공사
- 철근 : 철근의 가공, 조립, 해체 등의 작업
- 용접 : 산소나 전기 등으로 철재를 붙이거나 구멍 등을 메우는 것
- 설비 : 필요한 것을 베풀어 갖추는 것
- 하스리 : 시공하고자 한 설계면보다 콘크리트가 튀어나왔을 경우에 돌출면을 깎아내는 작업
- 비계(아시바) : 건물의 외부에 가설해서 외부에서 작업이 가능토록 사다리 모양으로 설치하는 작업
- 타일 : 타일 또는 아스타일 등 타일류를 구조물의 표면에 부착시키는 것
- 페인트 : 건축물의 실내외 벽, 기둥, 계단 등에 페인트 등을 칠하는 일
- 목수(건축, 형틀) : 건축물의 축조 및 실내 목구조물의 제작·설치 또는 해체작업을 하는 건축 목수, 콘크리트 타설을 위해 형틀 및 동바리를 제작·조립 및 해체작업을 하는 형틀 목수로 구분된다.
- 컷팅(철거) : 옹벽 및 콘크리트 절단 행위 및 철거공사
- 전기 : 전기기능사 이상의 자격을 가진 자가 전기와 관련된 일을 하는 것
- 패널 : P.C 패널이나 샌드위치 패널 등을 다루는 일

- 조경 : 수목 실재 및 조경작업
- 방수 : 구조물의 바닥, 벽체, 지붕 등의 누수방지작업
- 로프공 : 고층 건물 등 외벽 작업 즉 도색 등을 하는 일

현장용어

- 헤베(회배) : 제곱미터를 이르는 말. 일본식 발음 '헤이베이'가 우리나라로 넘어오면서 '헤베'로 굳어졌다.

  1헤배=1m×1m=1㎡
- 가꾸목 : 네모 형태의 나무 목재를 뜻한다.

▲ 가꾸목

- 가베 : 벽이나 가벽을 이르는 말
- 가네 : 90도 각도를 이르는 말. 흔히 가구 등을 설치할 때 직각을 벗어나면 "가네가 틀어졌다"라고 말한다.
- 공구리 : 콘크리트를 이르는 말. 흔히 콘크리트 타설을 '공구리를 친다'고 표현한다.
- 젠다이 : 선대의 일반식 발음으로 창틀에 설치된 선반을 뜻한다. 우리나라에서는 주로 욕실에서 변기와 세면대를 잇는 상판의 선반을 일컫는다.

▲ 젠다이

• 메지 : 타일이나 벽돌 등의 틈새를 마감하는 줄눈을 뜻한다.

▲ 메지(줄눈)

• 구배 : 경사진 정도를 일컫는 말. 건축에서는 물매(수평을 기준으로 한 경사도),
토목에서는 구배라고 부르는 경우가 많다. 화장실 바닥은 물이 배수구로 빠
져나가야 하기 때문에 경사를 만들어준다.
• 와꾸 : 틀(frame)을 뜻하는 용어. 응용하면 문와꾸는 문틀이 된다.

공정, 거푸집 용어			
현장용어	표준말	현장용어	표준말
하리	보	고야지붕	경사지붕
하시라	기둥	네다	장선
바대	띠장	나나미	사선

요꼬	가로	기리바리	버팀대
다대	세로	구(쿠)사비	쐐기
야리가다	규준틀	게꼬미(게꾸미)	계단의 수직 거푸집
야기리	측벽(외벽돌)	가와	거푸집
바라시	거푸집해체	메모도(레모도)	수평(조절)목
스미	먹긋기, 벽돌공	네꼬	핌, 괴임재

현장 용어

현장용어	표준말	현장용어	표준말
아시바	비계(발판)	우라	가구뒷판
하바	폭, 넓이	와리	나누기
마지끼리	칸막이벽	이모메지	통줄눈
스라	가장자리	아나방	구멍철판
덴바	윗면	야리가다	규준틀
답바	높이	야마	톱니
야리끼리	떼어내어줌	야스리	줄(연장)
야마도메	흙막이	고데	흙손
오삽	큰 삽	오사마리	끝내기(마무리)

현장용어	표준말	현장용어	표준말
오비끼	산승각	투바이	투바이포
다루끼	각목	빠루	노루발못빼기
보루방	드릴(머신)	반생	철선(6,8,10)
멘끼(멩끼)	면귀, 면목	샷보드	동바리, 써포트
사게부리	다림추, 정추	기즈리	졸대

자제 공구 용어

무조건 성공하는 부동산 투자
핵심 노하우

Part 8

_____

2,000만 원으로 역세권 땅 사는 법

아파트를 살 때도, 땅을 살 때도 반드시 입지를 확인해야 하는데, 특히 역세권 주변이 좋다. 이는 누구나 아는 사실이지만 역세권 주변은 값이 비싼 게 흠이다. 돈이 적다면 역세권 주변은 그림의 떡일 뿐일까?

2억 원의 투자금이 있는 사람이 여러 가지 포트폴리오를 구상해서 10곳에 분산투자를 하기로 했다고 보자. 그렇다면 한 곳에 2,000만 원 정도 투자해야 하는데 이 돈으로 역세권 주변 부동산을 살 수 있을까? 돈이 적으니 투자금을 더 모아 역세권 주변을 공략해야 할까?

자금이 넉넉하면 좋겠지만 적은 자금이라고 역세권 주변 땅을 살 수 없는 것은 아니다. 내 사례 얘기를 잠깐 해보겠다. 실제 난 2,000만 원으로 역세권이 들어올 곳의 땅 300평을 샀기 때문이다.

뉴스를 놓치지 말라

적은 돈으로 역세권 주변을 사려면 계획이 필요하다. 이미 역세권으로 개발된 곳은 2,000만 원이 아니라 2억 원으로도 어림없는 곳이 많기 때문이다. 소자본으로 역세권에 투자하려면 앞으로 들어설 역세권 주변을 미리 선점하는 전략이 필요하다. 즉, 미래가치를 보고 투자하는 것이다. 그렇다면 미래가치를 어떻게 알아낼 것인가? 바로 열심히 뉴스를 보는 것이다. 앞서 매일매일 뉴스를 빠짐없이 보란 말을 한 이유도 이래서다.

부동산 뉴스를 매일 접하던 2011년 어느 날, 눈에 띄는 소식을 발견했다. 서울~제주 간 KTX(JTX, 해저고속철도)가 추후 건설될 예정이라는 소식이었다. 전남 목포에서 제주도까지 건설하는 해저 고속철도는 해남과 보길도 사이에 18km 길이의 다리를 놓고 보길도에서 제주도는 해저터널(85km)로 건설하는 방안이다. 포스코건설이 사업추진을 진행하고 있었다. JTX 노선을 주목하며 인근 지역을 살피던 중 또 다른 호재가 중첩되는 지역을 발견했다. 전남 해남군 산이면에 위치한 솔라시도 기업도시 구성지구(일명 J프로젝트). 이곳은 이명박 정부 때 추진한 사업으로 총 사업면적 630여만 평 부지에 들어서는 관광·레저 기업도시다. 조감도를 보듯 100홀이 넘는 국내 최대 규모의 골프장과 호텔 컨벤션센터 마리나 등 각종 시설이 들어설 예정이다. 전남 최대 현안 사업이자 남도의 미래를 짊어질 거대 관광 레저 기업도시가 탄생하는 순간이다. 이곳에 골프장과 호텔 등이 들어서는 이유는 중국과 가장 가까운 거리로 인해 한국을 방문하는 요우커족을 항공이 아닌 배로 운송수단을 바꿔도 얼마든지 시간을 단축시킬 수 있기 때문이다.

◀ JTX 사업개요
▼ 솔라시도 조감도

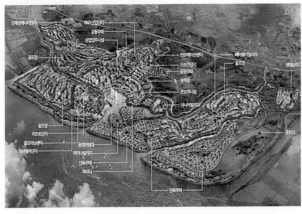

이렇듯 두 가지 호재가 겹치는 소식을 접하고 바로 해남으로 땅을 사러 갔다(2011년 4월). 내가 매입한 토지는 상공리 개발지에서 살짝 벗어난 땅으로 JTX가 개통되면 핵심이 될 자리였다. 해당 지역의 토지거래허가제한 면적이 1,000㎡였기에 991㎡(300평)를 매입했다. 물론 집을 비롯한 내가 필요한 용도에 따라 건축을 할 수 있는 계획관리지역의 땅이다(참고-관리지역은 보전, 생산, 계획관리지역의 3가지로 구분된다. 보전·생산관리지역은 건폐율이 20%인 반면 계획관리지역의 건폐율은 40%고 다양한 용도로 활용할 수 있어 쓰임새가 훨씬 유용하다).

매매대금은 2,000만 원이었다. 같은 시기 인근 중개업소에서 큰 필지를 매입한 후 분할해서 평당 30만 원씩 팔고 있었다. 인근 중개업소 가격으로 치면 내가 산 땅은 1억 원이다. 내 땅은 도로 입구에 접한 땅으로 인근 중개업소가 팔고 있는 안쪽 땅보다 위치가 더 좋았다.

▲ 2,000만 원에 매입한 부동산 거래계약신고필증

▲ 매입한 땅-현재 황토 고구마밭으로 사용 중이다.

솔라시도 기업도시는 2016년도에 기공식을 했고 토지보상이 원활히 진행되고 있다. 나는 2011년도 사업추진이 예상되는 소식을 듣고 바로 해당 지역으로 가서 머물며 땅을 찾았다. 하지만 마땅한 땅을 발견하지 못해 다시 부산으로 돌아오길 반복했다. 3개월이란 시간 동안 틈날 때마다 내려가서 먹고 자길 반복한 결과, 급한 사연 있는 땅을 그 당시 시세의 절반 가격인 공시지가로 샀고, 지금까지 지가가 상승하고 있다. 얼마 전 중개업소에 전화해보니 이 지역에 땅을 팔려고 내놓은 사람이 없다고 한다. 만약 내 땅을 판다면 평당 40만 원을 받아주겠다고 했다. 내가 산 가격은 평당 6만 원꼴인데 그 사이

7배가 뛴 것이다. 6년 만에 말이다. 이렇듯 부동산 투자는 미래가치가 있는 입지 좋은 곳을 선점하고 있으면 큰 수익으로 굴러온다. 단, 이미 지가가 많이 오른 후에 뒤늦게 들어가는 것은 의미가 없다.

좋은 자리를 선점하는 법

좋은 자리를 선점하는 방법은 간단하다. 소식을 빨리 접하는 것이다. 그럼 소식을 빨리 접하려면? 꾸준히 부동산 뉴스에 관심을 가지면 된다. 그날 그날 올라오는 소식들을 매일 꾸준히 보다 보면 이렇게 호재들을 놓치지 않을 수 있다.

바쁜데 언제 이렇게 챙겨보느냐고 하소연하는가? 시간이란 자신이 만들어가는 것이다. 지하철 출퇴근 시간, 점심시간 후 잠깐 남는 시간 등 맘먹으면 하루에 30분에서 1시간 정도 틈새 시간을 찾아내는 것은 어렵지 않다. 이 시간에 뉴스를 보자. 실제 지하철을 타 보면 앉은 사람, 서 있는 사람 할 것 없이 모두 스마트폰을 보고 있는 걸 알 수 있다. 이때 드라마, 스포츠, 지인 SNS를 보며 시간을 허비하지 말고 부동산 뉴스를 검색해보기 바란다. 단, 하루 이틀 보고 마땅한 뉴스거리를 못 찾았다고 그만둔다면 밥 한 숟가락 먹고 배부르길 바라는 욕심과 같다. 늘 밥 먹듯, 늘 커피 한 잔 마시듯 그렇게 늘 부동산 뉴스를 보기 바란다. 숙제라고 생각하면 부담스러워서 길게 가기 힘들다. 자연스럽게 즐긴다는 생각으로 늘 뉴스를 보다 보면 좋은 호재들이 눈에 들어올 것이다.

뉴스보다 더 빠르게 호재를 찾기를 원한다면 KDI 한국개발연구원, 국토교통부 홈페이지, 각종 지자체 홈페이지에서 고시·공고되는 사항들을 찾아 투자와 연결하면 좋은데, 처음부터 이 과정은 쉽지 않을 수 있으므로 우선 스마트폰에서 부동산 뉴스부터 매일 보는 습관을 들이자.

땅은 5번 오른다

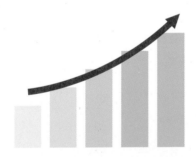

땅은 계단식으로 5번(=16배) 오른다. 혹자는 3번 오른다고 하는데, 나는 5번 오르는 경험을 많이 했다.

1. 정책이 입안될 때 – 국토부 내부 관계자들은 알고 있으므로 주

변 지인들이 미리 정책 입안을 알아 지역 땅을 매입하기 시작하므로 그 지역 부동산이 2배 가격 이상 뛴다(1만 원 땅→ 2만 원 됨).

2. 발표 날 때—보통 투자자들이 움직이는 시기다. 2배 가격이 또 오른다(2만 원 땅→ 4만 원 됨).

솔직히 내가 해남 상공리 땅을 살 때도 이미 기존보다는 올라 있었다. 하지만 이에 굴하지 않고 왕복 10시간 거리를 3개월 동안 10여 차례 오가며 먹고 자며 지역민과 밀착한 결과 시세 절반 가격(오르기 전 가격)인 평당 6만 원에 살 수 있었다. 일반 투자자들이 매입한 12만 원이 넘는 시세는 땅끝마을에 있는 해남땅 치고는 비싼 편에 속하는 가격이었다.

3. 착공할 때— 2배 가격 이상 뛴다(4만 원 땅→8만 원 됨).

4. 준공될 때— 2배 가격 이상 뛴다(8만 원 땅→16만 원 됨).

5. 준공 후 인프라가 구축되면 2배 가격 이상 뛴다(16만 원 땅→32만 원 됨).

이처럼 2만 원으로 매입하기 시작한 땅이 32만 원으로 16배의 가격이 상승하는 것이다. 해남 산이면 상공리 땅에 투자할 때가 2단계(2011년)였다. 그 후, 6년 동안 사업이 지지부진하다가 2016년도에야 착공이 시작됐다. 지금이 3단계 착공단계인데 벌써 7배가 올랐다. 사업이 지연되는 동안 물가 상승으로 인한 지가의 동반 상승 효과가 더해진 덕이다.

얼마짜리 땅을 사야 좋을까?

여러분이 땅을 사는 데 2,000만 원 투자한다고 보자.

서울 강남의 2,000만 원짜리 1평, 추후 개발입지가 좋은 수도권 외곽의 100만 원짜리 20평, 개발입지가 좋은 시골의 1만 원짜리 2,000평 중 과연 어디를 선택하겠는가?

사람마다 생각이 다르므로 투자결과가 다르겠지만 내가 한 가지 조언하고 싶은 것은 평당 가격마다 상승률이 다르다는 것이다.

① 평당 1,000원짜리 땅을 샀다면 가격이 상승할 때는 1,000원 →2,000원→3,000원 식으로 1,000원 단위로 오른다(상승률 100%).

② 평당 10,000원짜리 땅을 샀다면 10,000원→15,000원 →20,000원 식으로 5,000원 단위로 오른다(상승률 50%).

③ 평당 10만 원짜리 땅을 샀다면 ①처럼 10만 원→20만 원 →30만 원으로 오르지 않는다. 또한 ②처럼 10만 원→15만 원→20 만 원으로 오르지도 않는다. 이보다 더 낮은 가격으로 상승하며 중개소장님의 조율이 필요하다. 일반적으로 10만 원→12~13만 원→15 만 원 식으로 오른다(상승률 25%).

④ 평당 100만 원짜리 땅을 샀다면 100만 원→110만 원→120만 원 식으로 10만 원 단위로 오른다(상승률 10%).

⑤ 평당 1,000만 원짜리 땅을 샀다면 1,000만 원→1,100만 원
→1,200만 원 식으로 100만 원 단위로 오른다(상승률 10%).

이처럼 같은 개발 호재라도 평당 가격에 따라 가격 상승률이 다
르므로 땅은 되도록 평당 100만 원 미만으로 사는 것이 좋다. 더 좋
은 것은 평당 10만 원 미만이며, 이보다 더 좋은 것은 1만 원 미만으
로 사는 게 제일 좋다. 단, 이를 무조건 싼 땅을 찾아서 사라는 뜻으
로 받아들이면 곤란하다. 개발 호재가 없다면 1만 원 땅이 10년 지나
도 그대로인 경우도 많다. 개발 호재가 있다는 전제하에 어떤 가격
의 땅을 매수할지 고민할 때 길이 있는 땅, 즉 차가 들어갈 수 있는
땅으로써 이왕이면 가격이 낮은 땅으로 넓게 매입하는 게 좋다는 뜻
이다. 차량 진입이 가능한 땅 중에 1만 원 미만의 싼 땅이 어디 있겠
냐는 의문이 든다면 시야를 좀 더 넓혀보기 바란다. 수도권 안에서
만 찾으니까 안 보이는 것이지 전국으로 시야를 넓히면 얼마든지 찾
을 수 있다. 길이 없는 땅일지라도 물가 상승률에 비해서는 높이 오
르지만, 길이 있는 땅에 비해 오르는 속도가 더디다.

쌀값 50배 오를 때 토지는 3,000배 올랐다

내가 지금까지 매입해서 보유하고 있는 땅의 면적이 10만 평이
넘는다. 지금도 매년 개발 호재가 있는 지역을 찾아 땅을 매입하고
있다. 내가 매입한 땅 중에 가장 비싼 땅이 평당 150만 원 정도였으

며, 제일 싼 땅이 평당 500원이었다.

평당 500원짜리 땅은 15년 전에 사둔 청송에 위치한 임야다. 15년 전, 아무도 관심을 두지 않은 지역이라 이렇게 싼 가격에 매입할 수 있었다. 땅을 산 후 이곳에 더덕과 산양삼 씨앗을 뿌려 놨다. 15년 동안 자랐으니 지금은 효험 높은 약재 수준으로 자라있다. 지금 청송은 아무리 싼 땅이라도 평당 5,000원 미만은 없다. 15년 사이 10배 이상 오른 것이다. 더군다나 내 땅은 천연 더덕과 산양삼이 15년 동안 자라고 있다.

임야에 더덕과 산양삼을 뿌려놓은 이유는 토질 때문이다. 경상도 임야는 활엽수가 많은 지역이다. 해마다 떨어진 낙엽이 켜켜이 쌓인 땅이라 밟으면 무릎까지 들어가는 곳도 많다. 오랜 시간 동안 쌓인 낙엽이 각종 토착 미생물에 의해 분해된 흙인 부엽토가 많은 지역으로 배수가 좋고 수분과 양분이 많다. 따라서 씨앗을 일일이 심는 것이 아닌 뿌려놓았기에 특별한 노동력이 들지 않고 15년 동안 시간이 돈을 벌어준 부동산이 바로 임야다.

20여 년 동안 다양한 부동산에 투자해본 결과 부동산에서 가장 쉽게 돈을 벌 수 있는 종목은 토지(그중에서도 임야)였다. 매매, 교환, 경·공매를 모두 포함한 거래방식을 통해서 말이다. 단, 제대로 된 토지에 투자한다는 전제다.

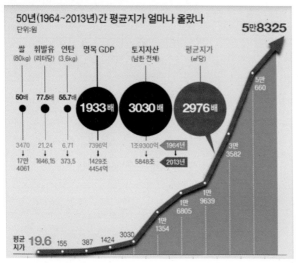

▲ 과거 50년 동안 쌀값 50배 오를 때 토지는 3,000배 올랐다. (출처: 한국은행)

사기 전에 이 땅에서 뭘 할지 먼저 생각하라

　미래가치가 없는 물건은 아무리 싼 땅이라도 사지 않는 게 좋다. 따라서 땅을 사기 전에 미래가치를 먼저 생각해야 한다. 즉, 머릿속에 이 땅에서 뭘 할 것인지에 대한 그림이 그려져야 한다. 그림이 그려지지 않는다면 사지 않는 게 현명하다. '사두면 언젠가는 오르겠지'란 막연한 생각은 '기다리다 보면 언젠가는 백마 탄 왕자님이 나타나겠지'라는 골드미스의 우격다짐과 다름없다. 막연히 사 둔 땅이 우연히 개발 호재와 맞물려 가격이 올라주면 다행이지만 그렇지 않다면 평생 보유하고 있어도 가격은 그대로인 채 재산세만 내고 있을 가능성도 크다.

땅의 가치를 개발하는 법

▲ 밀양 상동면에 매입한 13,000평 임야 　　　▲ 임야에 접하고 있는 8m 도로
　상동역과 도보 10분 거리다.

2015년 11월에 매입한 13,000평 임야로 매입 가격은 3,500만 원이다. 이 땅을 매입한 이유는 경부선 KTX 상동역과 도보 10분 거리에 위치한 입지 조건이 맘에 들었다. 이곳에 전원주택 단지를 지어 매각할 생각을 먼저 했다. 만약 전원주택 허가가 나지 않는다면 차선책으로 산양삼과 더덕 씨앗을 뿌릴 생각이었다. 체험학습용으로 말이다.

도로 이면에 접한 땅은 낙동강이 흐르는 하천부지다. 이는 국가 소유 땅이므로 결과적으로 내 땅이나 마찬가지다. 하천부지이므로 불하받을 수는 없겠지만, 인접지 소유자이므로 사용승인을 받을 수 있을 것이다. 그럼 내 땅과 접한 도로 넘어 이 하천 땅에 뭘 할 수 있을까? 나는 3번째 대안으로 이곳에 오토 캠핑과 낚시터를 할 생각이었다.

해당 임야의 밑그림

1. 전원주택단지
2. 체험 학습장(더덕, 산양삼)
3. 오토 캠핑장 & 낚시터

---

1. 전원주택단지

사진을 보면 알 수 있듯, 해당 임야는 앞이 길쭉하고 고도가 높은 뒤쪽이 넓은 형태로 이를 측량·분할해서 앞쪽에 전원주택을 건축할 생각이다. 총 13,000평 중에 건축할 앞 면적이 4,200평, 뒤 면적이 8,800평가량 나온다. 뒤 8,800평은 분할해서 전원주택지를 분양받는 사람들에게 주말농장처럼 활용할 수 있게 공짜로 420평씩 나눠줄 생각이다.

건축부지를 확보하기 위해 굴착기로 4,200평 임야를 깎아내는 데 두 달이면 충분하다. 굴착기 비용을 하루 50만 원씩 계산했을 때 두 달이니 3,000만 원이 든다. 4,200평 부지를 200평씩 분할해서

21동의 전원주택을 지을 예정이다. 우선 분할필지 200평에 샘플하우스를 멋지게 지어놓을 것이다. 샘플하우스는 1층 20평, 2층 10평 규모로 분양가는 2억 원이다. 분양가 2억 원은 이 지역 상동의 주택지 가격을 감안해서 산정했다. 상동의 주택지가 평당 70만 원 선이어서 전원주택단지는 평당 20만 원으로 계산해 분양가를 산정했다.

- 토지비 20만 원×200평 = 4,000만 원
- 건축비 500만 원×30평 = 1억 5,000만 원
  ⇒ 합 2억 원

그렇다면 여기 주민들이 이곳으로 이사 올까? 택지 가격차이가 나기 때문에 충분히 가치가 있다고 본다. 이곳 전원주택지는 낙동강이 바로 보이는 전망으로 조망권이 최상이다. 또한, 나는 주택단지 바로 앞에 어린이 놀이터와 낚시터를 만들어줄 생각이다.

▲ 전원주택단지 조감도

이렇게 계획하고 샘플하우스를 지어놨는데 안 팔리면 어떻게 할까? 그렇다면 내가 이곳으로 이사 와 샘플하우스에 살면서 주변 주택지를 평당 20만 원씩 팔 생각이다. 4,000만 원에 200평 전원주택지를 산 사람은 뒤땅인 420평을 덤으로 받으니 620평의 땅이 생긴다. 나는 3,500만 원에 산 땅이 8억 4,000만 원에 팔리니 20배 넘는 장사를 한 셈이다. 물론 건축까지 해서 전원주택이 21채 팔린다면 건축비에서 또 수익이 남으니 전체적으로 13억 원이 넘는 수익이 생긴다. 샘플하우스만 미리 지어놓고 나머지 건축은 계약이 성사되면 착공에 들어간다.

만약 이렇게 계획했는데 땅이 안 팔린다면? 샘플하우스에서 내가 직접 살고 전원주택단지 사업은 접으면 된다. 그다음 대안이 있기 때문이다.

2. 체험 학습장(더덕, 산양삼)

전원주택지 사업이 안 되면 이곳에 산양삼과 더덕 씨앗을 뿌려놓을 예정이다. 산양삼과 더덕이 자라면 체험학습 인원을 모집한다. 요즘 아파트 단지를 보면 '산양삼·더덕 캐기 체험' 인원 모집을 하는 경우를 흔히 볼 수 있다. 1인당 3만 원을 내면 관광버스로 해당 체험장까지 데려다주고 체험자가 마음껏 캐가는 방식으로 체험 종료 후 다시 아파트로 데려다준다.

수입 : 관광버스 1대 당 40명 탑승×3만 원 = 120만 원(관광버스 10대 = 1,200만 원)

지출 : 관광버스 렌트비(기사비용 포함) 1대당 50만 원×10대 = 500만 원

⇒ 하루에 700만 원 수익

이렇게 체험학습을 며칠 간격으로 반복하는 것이다. 13,000평의 드넓은 임야에 심은 더덕과 산양삼이므로 물량은 충분하다.

3. 오토 캠핑장 & 낚시터

전원주택지도 안 되고, 체험 학습장도 사업성이 아니다 싶으면 오토 캠핑장과 낚시터를 만든다. 오토캠핑장은 텐트 한 개에 2만 원을 받는다. 낙동강 옆의 물가다 보니 수심이 낮은 곳에 가두리를 쳐 아이들이 놀 수 있는 물놀이터를 만들고 아빠들이 낚시할 수 있는 낚시터는 옆에 따로 만든다. 온 가족이 즐기기 좋은 공간이다. 상동역에서 도보로 10분 거리라 접근성이 좋다. 차량으로 움직인다 해도 대구에서 40분, 부산에서 30분 거리로 중간 지점에 위치한 곳이다.

굳이 직접 할 필요가 없다

자, 이렇게 3가지 대안을 마련하고 땅을 샀다. 그렇다면 1번부터 차근차근 해결하려고 할까? 그렇지 않다. 굳이 내가 할 필요가 없다. 손 안 대고 코 푸는 방법이 있기 때문이다. 바로 이 정보를 중개사무소에 알려주면 된다.

"내가 이 사업을 하려고 한다. 이렇게 하면 수익이 이렇게나 많이 발생해서 너무 좋은 땅인데, 내가 이민을 가야 한다(또는 내가 갑자기 급전이 필요하게 됐다). 너무 아깝지만, 땅을 내놓는다."

이렇게 적당한 핑계를 대고 땅을 2억 원 정도에 매물로 내놓으면 된다. 이 말을 다 들은 소장님은 매수인에게 이런 내 계획을 상세히 말해줄 것이다. 매도자가 이렇게 사업을 하려고 했는데 갑자기 급한 사정에 너무도 좋은 땅을 팔게 됐다. 매수대금에 3,000만 원 굴착기 공사비만 들이면 바로 10억 원 이상의 수입을 얻을 수 있다며 말이다. 총 2억 원도 안 되는 비용으로 10억 원 이상의 수입으로 돌아온다? 이에 반해서 바로 달려드는 매수자가 나타난다. 굳이 내가 건설할 필요 없이 밑그림을 그린 후 이를 중개사무소에 말만 했을 뿐인데 앉아서 5배 수익을 챙기는 것이다.

이처럼 땅이란, 매수자에게 희망을 줄 수 있어야 한다. 매수자는 청사진이 보여야 움직이기 때문이다. 이는 모든 부동산이 마찬가지다. 상가인 경우에도 공실인 채로 매도하면 계약이 쉽지 않은 경우가 많다. 왜냐하면, 상가를 구입하는 매수자의 경우 실제 영업을 할 사람이나 임대수익을 바라는 투자자이기에 뭔가 확실한 수익구조가 정해져 있는 상품을 좋아하고 눈에 보이기를 바라기 때문이다.

급한 사연이 있는 땅을 사라

매매(賣買)란, 어떤 재산권을 상대방에게 이전할 것을 약정하고 상대방(매수인)이 이에 대해 그 대금을 지급할 것을 약정함으로써 성립되는 계약이다. 즉 특별한 요식이 필요한 것이 아니며 당사자들끼리 서로 의견의 합치로 성사되는 계약이다. 따라서 아무리 좋은 땅이라도 내 맘대로 살 수 없다. 상대방이 안 팔면 그만이기 때문이다. 이런 이유로 토지 투자자들은 경·공매를 배워두면 좋다. 경·공매는 매도인의 승낙 여부와 관계없이 매수인이 토지를 사들일 수 있는 유일한 방법이기 때문이다. 하지만 내가 원하는 지역이 경·공매로 진행되길 하염없이 기다리는 것은 감나무에서 감 떨어지질 기다리는 것과 같다. 따라서 여러 가지 매수 스킬을 키우는 게 무엇보다 중요하다.

앞서 얘기한 밀양시 상동면 임야는 원래 시세가 1억 원이 훨씬 넘었다. 실제 인근에 평당 3만 원 이하 땅은 없을 정도다(평당 3만 원씩 계산하면 3억 원이다). 이렇게 비싼 땅을 어떻게 3,500만 원에 샀을까?

부동산은 심리 게임이다. 즉 정상 상황에서는 절대 헐값 물건이 나오지 않는다. 정상 물건을 사려면 제값을 다 치러야 한다. 하지만 급한 사연이 있는 물건은 좋은 우위를 점할 수 있다. 이때 사연은 매도자, 매수자 양측 모두 가능하다. 매도자가 지금 꼭 팔아야만 하는 물건은 싸게 살 수 있다. 반대로 매수자가 꼭 사야만 하는 물건은 비싸게 팔 수 있다. 즉, 부동산 가격은 시세가 아닌 상대방의 처지에 따라 값이 좌우된다. 그래서 개인적으로 난 땅을 팔지 않는다. 팔지 않기 때문에 역으로 비싸게 팔 기회가 된다. 땅은 내가 팔려고 나서면 매수자가 부르는 게 값이다. 매수자가 사려고 나서면 매도자가 부르는 게 값이다. 따라서 먼저 땅을 사러 가면 질 수밖에 없다. 매도자가 우위이기 때문이다. 하지만 매도자가 팔려고 오면 그때는 매수자가 우위를 점할 수 있다.

밀양 땅을 3,500만 원의 헐값에 살 수 있었던 이유도 매도자가 빨리 팔 수밖에 없는 사연이 있었다. 이 땅은 진정한 소유자(A)와 등기 명의상의 소유자(B)가 달랐다. A와 B는 친구 관계로 B는 잘 나가는 사업가였다. 하지만 이후 B의 사업이 부도가 나며 B의 재산이 압류될 처지에 직면했다. 이에 A는 자신의 땅이 압류되기 전에 땅을 찾아야 하므로 빨리 팔아야 했다. 시세와 관계없이 당장 사 줄 사람이 필요했던 것이다. 이런 연유로 내가 시세의 1/3 가격으로 매입할 수 있었다. 물론 이 또한 튕기는 가격협상의 노하우가 있었기 때문에 가능했다.

이렇듯 상대방이 꼭 팔아야만 하는 급한 사연이 있다면 얼마든지 가격의 우위를 점할 수 있다. 물론 이 땅을 가격이 싸다고 덥석 산 것은 아니다. 땅을 봤을 때 이미 어떻게 개발하면 좋을지 밑그림을 그린 후 사야겠다고 결론을 짓고 가격협상에 들어간 것이다. 물론 상대방에게 절대 내 속마음을 들키지 않고 말이다.

"내가 이 땅을 뭐 하러 사요. 아무 쓸모도 없는데….”

이런 식으로 이 땅을 살 마음이 없는데 2,000만 원이면 생각해 보겠다는 식으로 처음에는 가격을 확 깎아놔야 한다. 원래 최종협상이란 중간지점에서 타결되는 법이다. 3억 원짜리 땅이 급한 이유로 1억 5,000만 원에 나왔다고 바로 사버리면 더 깎을 수 있는 여지 자체를 스스로 발로 걷어찬 것이다. 따라서 내가 제시하는 가격은 항상 확 깎아 낮게 시작해야 한다. 그러면서 서서히 상대방의 가격과 절충해가는 뉘앙스를 줘야 상대방도 힘들게 얻은 성사 결과라는 느낌을 받는다.

일주일 만에 5배를 받고 되팔다

땅을 싸게 사려면 급한 사연이 있는 땅을 사라고 말했다. 그렇다면 급한 사연 있는 땅이 내게 오려면 어떻게 해야 할까? 이 또한 노하우가 필요하다. 실제 내 사례를 얘기해보겠다.

나는 매년 명절에 최고급 한우를 산다. 명절에 한우를 사는 분들은 일반적으로 선물용일 것이다. 나 또한 그렇다. 선물의 대상이 보통 생각하는 곳과 다른 점이 차이다. 한 번에 보통 50만 원 상당의 최고급 한우를 사서 마을의 경로당을 방문한다. 경로당에는 할아버지, 할머니들이 계신다. 돌아가신 부모님 생각에 어르신들 대접해드리려고 방문한다고 말하면 너무 순수한 핑계를 대는 것이고, 솔직히 사업 목적으로 경로당을 방문한다. 땅을 사기 위해서다.

시골 어르신들이 땅을 팔려고 하면 어디를 갈까? 자식의 결혼으로 목돈이 필요해서 땅을 팔려고 하는데 누구한테 물어볼까?

보통 마을 이장님을 찾아간다. 소식을 들은 이장님이 중개사무소 소장님께 물건을 내놓는다. 이 물건을 매수자가 사는 것이다. 이렇듯 매도자 → 이장님 → 중개사무소 → 매수자까지 3단계를 거치며 비용이 빠져나가므로 매수자는 당연히 비싸게 살 수밖에 없다. 나는 이 중간 과정을 생략하고 매도자와 직거래를 하고 싶어서 경로당을 찾는 것이다. 어르신들 땅 내놓을 게 있는지, 만약 없다면 앞으로 내게 내놓아달라고 말씀드리는 것이다.

50만 원짜리 한우를 사갔으니 이분들이 과연 내게 땅을 내놓을까? 천만의 말씀이다. 나를 언제 본 적 있다고 고기 한 번 얻어먹었다고 땅을 내놓겠는가? 명절마다 꾸준히 들고 가야 한다. 10번을 들고 갔으면 500만 원, 20번을 들고 갔으면 1,000만 원이다. 이런 식으로 투자를 해야 한다. 이런 과정 없이는 절대 급한 땅이 내게 돌아오지 않는다. 이렇게 명절마다 찾아뵈며 '형님, 누님' 하며 안면을 익히고 친해지면 이장을 거치지 않고 내게 전화가 오게 돼 있다.

개발 호재 뉴스를 보고 땅을 사러 갈 때도 우선 경로당을 찾는다. 뉴스를 보고 갔는데 이미 호가가 크게 올라있다면 호재가 반영돼 가격이 떠 있는 경우이므로 이런 경우는 잘 사지 않는다. 하지만 공고 나온 후 현장에 쫓아가 보면 소식을 모르는 사람이 대부분인 경우가 많다. 이런 곳에서 직접 매입을 하는 것이다. 중개사무소는 이미 호재를 알고 있으므로 소장님이 높은 가격을 불러 비싼 가격에 살 가능성이 크다. 투자자 중에 이장을 찾아가서 만난다는 분도 있는데 솔직히 이장을 만나면 바보다. 이장은 아무나 만날 수 있으므로 정보다운 정보가 나오질 않는다. 또한, 요즘 이장은 옛날 순진한 이장이 아니다. 찾아가면 '무슨 선물 하나 안 들고 왔나?' 하는 눈으로 바라본다.

영식이의 결혼

"야야 박 사장, 내 영식 애미다. 우리 영식이가 이번에 장가 간다

카는데 빨리 우리 집에 와 봐라."

전화를 끊고 서둘러 영식 어머니 집에 도착했다.

"어무이요, 영식이 장가가는데 왜 그리 급해요?"

"야야, 영식이가 서울에 집 얻는데 3,000만 원이 부족하다꼬 내보고 3,000만 원을 해달라카는데 어떡하면 좋노."

"그래요? 어무이, 그럼 파이소. 갖고 있는 땅 팔아서 그 돈 마련하면 되잖아요."

"그럼 뭘 팔아야 좋겠노."

"어무이 갖고 있는 땅 문서 좀 보여주이소. 그중에서 빨리 팔릴 만한 걸로 내가 힘써볼께예."

영식이 어머니는 갖고 있는 땅문서를 보여주셨다. 여러 필지 땅 중에 나는 제일 쓸 만한 땅을 골라 어머니께 말씀드린다.

"어무이요, 이 땅 파이소. 영식이 결혼하려면 빨리 돈 마련해야 하니까 이게 제일 좋겠습니더."

"야야. 알았따. 그 땅으로 빨리 좀 해도. 내 사정 급한 거 잘 알제."

나는 이렇게 직거래를 통해 15,000평의 땅을 시세보다 훨씬 저렴한 3,500만 원에 살 수 있었다. 경로당을 찾아다니며 미리 정을 나눠놓은 터라 가능한 일이었다. 그러니 당장 50만 원, 100만 원 비용에 너무 인색하지 마라. 더 큰 수익으로 굴러 들어오니 말이다.

수박밭을 생각하다

이 땅을 살 때 단순히 싸다고 좋아한 것이 아니다. 누누이 말했듯 그림을 그려보고 확신이 섰을 때 사라고 했다. 나는 이 땅을 보고 수박밭을 생각했다. 의령의 특산물이 수박이기 때문이다. 이 당시 수박밭으로 사용할 땅을 사려면 평당 5만 원은 줘야 했다.

▲ 도로를 사이에 두고 있는 양옆(2필지) 땅을 매입했다.

15,000평 × 50,000원 = 7억 5,000만 원

이 땅을 수박밭으로 만들면 7억 5,000만 원으로 변신한다. 매입한 땅은 2필지로 도로를 사이에 두고 양옆으로 나뉘어 있었다. 수박밭으로 쓰려면 높은 쪽은 흙을 깎아 평평하게 만들고 낮은 쪽은 흙을 채워 성토해야 한다. 15,000평을 굴착기 작업하려면 약 6개월 걸린다. 비용은 50만 원×180일=9,000만 원이다. 토지매입비용 3,500만 원+굴착기 작업 비용 9,000만 원=1억 2,500만 원이 든다. 수박

밭으로 변신해 7억 5,000만 원에 팔면 6억 원 넘게 남는 장사다.

하지만 앞서 얘기한 대로 내가 굴착기 공사를 할 필요가 없다. 이런 밑그림을 중개사무소에 얘기만 해주면 된다. "아, 이렇게 하면 앉아서 수억 원을 버는 데 급한 사정 때문에 아깝게 판다"면서 매우 아쉬운 몸짓을 취하면서 말이다. 실제 이런 방법을 통해 3,500만 원을 주고 이 땅을 산 지 일주일 만에 1억 5,000만 원을 받고 팔았다.

Tip 잘 파는 중개사무소 찾는 법

아무리 싸게 샀어도 누군가 비싸게 사줘야 시세 차익이 남는 법이다. 여러분은 부동산을 어디에 매물을 내놓는가? 물론 아파트는 집 인근 중개사무소 여러 곳에 내놓으면 된다. 그 외 부동산도 집 앞 중개사무소에 내놓는가?

아파트 외의 부동산을 팔 때는 중개사무소를 골라야 한다. 예를 들어 지방신문, 교차로, 벼룩시장 등을 보면 광고가 크게 실린 중개사무소가 있다. 이런 곳을 찾아가야 한다. 이곳은 보통 중개보조원이 50명이 넘는 곳으로 상가, 토지, 주택 임대차, 다가구주택, 단독, 임야, 공장 등 업종마다 전문가가 나뉘어 있다. 부산인 경우 연산동, 서면 주위에 이렇게 규모가 큰 중개사무소가 수십 개 있다. 이 중개사무소를 찾아가 이 땅의 변화될 가치에 대해 설명해주면 이들이 매수자를 연결해줘 팔아준다.

이 땅이 사고 싶으면 이렇게 하라

　내가 땅을 사는 경로는 다양하다. 뉴스를 꾸준히 보고 호재가 발표 나자마자 현장에 달려가 물건을 사는 방법, 경로당을 찾아가 안면을 튼 후 급매물을 싸게 사는 방법, 아는 중개사무소 소장님을 통해 급매물 연락을 받는 방법 등 다양하다. 이 중에서 현장에서 바로 써먹을 수 있는 방법을 소개한다.

▲ 경북 청도에 위치한 땅

　친구들과 경북 청도에 놀러 갔다가 경치가 수려한 곳에 위치한 이 땅이 너무 좋아 매입한 경우다. 맑은 물과 수려한 경치를 갖춘 이곳은 텐트 치고 물놀이하기 그야말로 딱인 곳이다. 실제 우리가 갔을 때 텐트 200여 동이 설치돼있었다. 무료로 말이다. 텐트 한 동에

2만 원씩만 받아도 하루에 400만 원의 수익이 보장되는 자리다. 해당 땅이 욕심나기 시작했다.

현재 땅 위치 찾는 방법

그 자리에서 먼저 해당 주소를 알아봤다. 내가 서 있는 이곳의 주소를 알아보는 방법은 '스마트 국토정보' 앱을 이용하면 된다. 스마트폰에 국토정부 앱을 설치한 후 그 자리에서 앱에 접속해 '부동산 정보검색'을 누른다. 이때 GPS사용을 허락하겠냐는 물음에 반드시 '확인'을 누른 후 '현재 위치' 버튼을 누르면 현재 위치 지번이 검색된다.

▲ 스마트 국토정보 앱에서 '부동산 정보검색'을 누른다(GPS 사용을 허락한다).

이렇게 현재 위치의 해당 주소와 지도 등이 검색되면 '대법원 인터넷 등기소' 앱에 접속해 해당 주소 등기부를 발급받는다. 현 토지 등기부를 보면 소유주 나이, 주소, 채무 관계를 알아볼 수 있다. 등기부에 근저당권 설정 등으로 대출을 받은 기록이 있다면 땅을 살 확률이 더 높아진다. 땅에서 나오는 소득은 없는데 계속 대출이자가 지출되고 있으니 소유자가 은근히 부담을 느껴 땅을 팔고 싶은 마음이 은연중에 있는 경우가 많기 때문이다.

소유자와 접촉하다

자, 어쨌든 대출 여부를 떠나 소유자와 접촉을 시도해야 한다. 만약 등기부에 적힌 소유자의 주소가 ○○아파트 101동 501호라고 가정해보자. 그렇다면 먼저 해당 아파트 관리사무소에 전화를 걸어 이렇게 말하면 된다(관리사무소 전화번호는 114에 물어보면 된다).

"안녕하십니까? 여기는 청도에 있는 ○○공인중개사입니다. 101동 501호에 사시는 김철수 님께서 이곳에 소유한 땅을 팔아달라고 말씀하셨어요. 지금 매수자가 나타났는데 김철수 님과 연락이 안 되니 이쪽으로 전화를 달라고 말씀을 전해주시겠어요? 제 전화번호는 010-1234-5678입니다."

이렇게 말하면 관리사무소 측에서 소유자에게 연락을 전해줄 확률은 50%다. 특히 보안이 철저한 아파트는 해주지 않는 곳이 많다. 그래도 50% 확률이니 우선 도전은 해봐야 한다. 현장에서 전화 한

통화로 소유자와 접촉할 기회인데 굳이 먼 길을 돌아갈 필요가 없지 않은가. 하지만 관리사무소에서 말을 전해주지 않거나, 소유자가 아파트가 아닌 단독주택에 거주한다면 어떻게 해야 할까?

그때는 다른 방법을 써야 한다. 바로 편지다. 등기부에 나와 있는 소유자 주소로 편지를 발송하는 것이다. 특별히 정해진 편지 서식은 없으나 내가 발송하는 내용은 보통 이렇다.

안녕하십니까?

(주)○○ 부동산 자산관리 사무소에 근무하는 박○○ 전무입니다. 연락방법을 알 수 없어 실례를 무릅쓰고 부득이 편지를 보냄을 사과드립니다.

다름이 아니옵고 김철수 사장님께서 매전면 당호리 ○○ 번지에 소유하고 계신 부동산에 대해서 매매하실 계획이 있으신지요? 인근 부동산에 관심을 가지고 구매하고자 하는 손님과 좋은 조건과 적당한 가격으로 빠른 거래가 되도록 하려 합니다. 매매하실 의사가 있으시면 연락 부탁드립니다. 좋은 결실을 보도록 최선을 다하겠습니다.

(주)○○ 박○○ 전무 올림
전화) 010-1234-5678

관리사무소나 편지로 연락이 닿은 소유자로부터 전화가 오면 매도 의사를 먼저 묻는다.

"김철수 사장님께서 소유하고 계신 매전면 당호리 ○○번지 땅을 매수하고자 하는 고객이 계십니다. 이번 기회에 파시면 좋으실 듯합니다."

이렇게 운을 띄우면 소유자의 반응은 판다/안 판다 두 가지다. 보통 대출이 있는 경우 팔고자 하는 마음이 큰 경우가 많다. 단, 팔고자 하더라도 처음에는 가격이 높은 경우가 많다. 이때, 밀고 당기는 협상을 통해 가격을 최대한 낮춰 사야 함은 두말할 나위 없다. 앞 사진의 시냇가 옆에 위치한 청도 땅도 소유자에게 편지를 보낸 후 연락이 와 가격협상을 통해 저렴하게 산 경우다.

직거래가 답이다

앞서 말한 대로 우연히 친구들과 놀러 간 곳의 경치에 반해 현장에서 바로 소유자에게 연락해 싸게 매입한 청도 땅. 약 450평인 이 땅의 토지이용계획서를 보니 보전관리지역에 준보전산지로 특별히 큰 규제가 없었다. 지금은 소유자가 멀리 살고 있어 내버려둔 땅이라 너도나도 텐트를 공짜로 치고 놀고 있었다(우리 일행들도 공짜로 텐트를 쳤다). 평일임에도 200동이 넘는 텐트라···. 오토 캠핑장을 만들어 텐트 하나에 2만 원씩 만 받아도 성수기 하루 매출이 400만 원이다. 여기에 식당과 매점, 화장실 등 편의시설을 갖추면 아주 좋은 사업 아이템이 될 듯했다. 이곳은 물이 맑고 수심이 얕은 지역과 깊은 지역이 구분돼 있어 가족 물놀이, 낚시터 등 복합적 활용이 가능한 곳이었다.

◀ 동창천 인접 매입한 필지
▼ 매입한 토지의 토지이용계획서

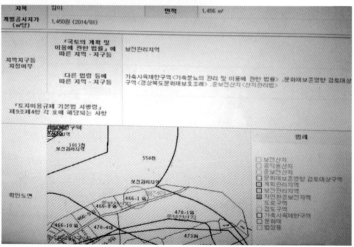

실제 이곳에 건축이 가능할 것으로 예상한 이유는 보전관리지역이라 해당 건축물의 행위가 가능했다. 물론 지목이 '임야'이므로 산지 전용허가를 받아야 하지만 준보전산지라 산지관리법의 제약도 크지 않아 충분히 전용허가를 받을 수 있는 곳이었다. 게다가 동일한 토지이용계획서인 인접 필지가 건축을 한 까닭도 내 생각에 힘을 실어줬다. 인접 필지가 건축허가가 났으니 이 땅도 허가가 날 것으로 예상하고 건축설계사무소를 찾아갔다. 먼저 토지 측량을 하고 해당 면적에 맞게 건축설계를 했다. 참고로 토지 측량이나 건축설계는 아무 땅에나 해주는 게 아니다. 관계 전문가들도 건축허가가 난다고 여기는 곳에 토지 측량을 하고, 건축설계를 해주는 것이다. 이렇게 나온 설계도를 들고 건축허가를 받기 위해 관청에 갔다.

건축이 안 된다니… 이게 무슨 소린가!

"이 번지는 건축이 안 됩니다."

청천벽력 같은 담당 공무원의 답변이다. 건축이 안 된다니… 이게 무슨 소린가! 이렇게 정식 설계까지 다 해왔는데…. 이유인즉슨, 포락지(토지가 물에 침식돼 수면 밑에 잠긴 토지)라서 건축이 안 된다고 한다.

"아니 멀쩡한 땅이 왜 포락지예요?"

내가 따져 묻자 담당자는 한 권의 서류 책을 내밀었다. 제목이 '동창천 하천기본정비계획 (1994년 1월)'이라고 한문으로 적혀 있었다.

서류를 열어보니 내 지번인 466-1번지가 물에 잠긴 채 표시돼 있었다. 그러나 여기서 의문이 들었다. 옆 필지 470-1번지도 분명 물에 잠긴 채 표시돼 있지만, 그 땅은 멀쩡히 3층 건물을 지어 1층 음식점, 2층 노래방, 3층은 주택으로 사용하고 있었다. 분명 같은 용도지역에 같은 포락지인데 그 땅은 어떻게 건축허가가 났는지 물었다. 담당자는 전임자가 있을 때 허가 난 사항이라 잘 모르겠다고 했다. 나중에 알고 보니 인접 필지 소유자가 지역 유지라 알게 모르게 관청에서 편의를 봐준 듯했다. 어쨌든 내 필지가 포락지로 표기돼 있으니 건축허가는 불가하다는 입장이다. 아니, 현재는 포락지도 아닌데 23년 전 서류철에 포락지라고 표기돼 있다고 건축허가가 안 되는게 말이 되느냐고 따져 물었지만, 돌아오는 답변은 한결같았다. 비록 오래전 서류지만, 업무지침에 그렇게 적혀 있으니 담당자는 따를 수밖에 없다고 한다.

'그래, 이 서류철이 문제다. 이것만 없으면 참고할 자료가 없으니 포락지를 운운하진 않겠

▲ 건물을 지은 인접 필지도 포락지로 표기돼있다.

지….'

그 순간 나는 서류철을 안고 밖으로 뛰어나왔다. 이게 없어져야 내가 건축을 할 수 있다는 일념 하나였다. 결국, 멀리 못가고 정문에서 경비아저씨에게 붙잡혔지만 말이다. 그렇게 서류철을 반납하고 돌아오는 길, 아무리 생각해도 억울했다. 실제 이 땅이 '하천법' 등의 규제를 받으려면 토지이용계획서에도 표기가 돼 있어야 했다. 하지만 당시 토지이용계획서에는 어디에도 하천법의 규정을 받는다는 표기가 없었다. 그런데도 23년 전에 작성된 '동창천 하천 정비 기본계획'에 포락지로 편입돼 있다는 이유만으로 변화된 현황을 고려하지 않은 채 업무지침을 따르는 점이 안타깝고 화가 났다. 이대로 물러설 순 없다.

1인 시위를 위해 관청 앞에 텐트를 쳤다. '23년 전에 만들어진 서류철 하나만을 의지한 채 현 토지이용계획서에 없는 규제를 한다는 게 말이 되느냐, 구식 서류철을 들이밀면서 왜 인접 필지 포락지는 건축허가가 났는지 설명을 못 하느냐' 등의 팻말을 들고 있었다.

시위한다고 해서 결과적으로 건축허가가 난 것은 아니다. 하지만 나도 내 방식대로 해결책이 있었다. 내 땅으로 들어오는 진입로에 철제문을 세운 후 아무도 출입을 못 하도록 했다. 공짜 텐트족을 막고 여름 피서철이 되면 유료로 개방해서 텐트설치 비용을 받을 생각이었지만, 내 업무가 워낙 바빠 아직 실행하진 못하고 있다.

▲ 철제문을 설치한 현장 사진

직거래가 답이다

이 땅을 매입한 지 2년이 지난 지금, 가격이 3배로 상승해 있다. 이는 직거래를 통해 워낙 싼 값에 땅을 매입했기에 가능한 일이다. 중개사무소가 중개해주는 땅은 수수료 발생은 제외하고라도 땅값 자체를 비싸게 주고 살 가능성이 크다. 중개사무소가 내 편이 아니기 때문이다. 나를 언제 봤다고 날 위해 가격을 확 깎아주겠는가. 중개 수수료를 많이 주면 내 편을 들어줄 가능성이 크나 높은 중개수수료를 지불해야 하니 결과적으로 그만큼 높은 가격에 사는 셈이다. 그러니 내가 직접 발로 뛰어 직거래를 성사시켜야 싼값에 살 수 있다.

앞서 제시한 방법으로 현 소유자에게 연락을 취해 직거래를 성사시켜보도록 하자. 그러기 위해서는 명함 활용을 잘해야 한다. 아무 직함도 없이 "개인인데, 나한테 땅 파실래요?"라고 말하면 팔 사람이 어디 있겠는가? 내가 부동산 전문가인 듯한 뉘앙스를 많이 줘야 그 사람도 나와 거래를 하고 싶은 맘이 들지 않을까?

Part 9

고수익을 안겨주는 다양한
부동산 투자법

경매란 물건 보는 눈을 키우는 게 먼저다

20대 1, 30대 1….

현재 경매의 현실이다. 경매 배워 아파트 입찰하면 수십 대 일의 경쟁 속에 낙찰가가 고공 행진해 급매와 별 차이 없이 낙찰되는 경우도 허다하다. 경매를 배우는 사람은 낙찰받지 못해 경매 한물갔다 하고, 낙찰받은 사람은 수익을 내지 못해 경매 한물갔다 한다. 과연 그럴까?

뻔한 물건에 입찰하니 뻔한 사람들이 몰리고 뻔한 가격에 낙찰받으니 수익이 남지 않는 것이다. 자신이 뭘 잘못했는지도 모른 채 그저 '경매 과열됐다, 경매 한물갔다'고 한탄한다. 일반 물건으로는 승부가 안 난다고 생각하고 그다음 도전하는 게 소위 말하는 특수물건이다. 특수물건을 싸게 사서 수익을 낸다? 과연 말처럼 쉬울까?

나는 명도하는 데 골치 아픈 부동산은 경매로 아무리 싸게 나와도 하지 않는다. 명도하러 갔는데 칼을 앞에 꺼내두고 소주 마시는 소유자를 본 적 있는가? 그나마 이 정도는 양반이다. 이보다 더한 사람은 칼을 들고 설치는 사람이다. 이사비 적게 준다고 이사 나갈 때 하수구와 변기에 시멘트 부어놓고 가는 소유자도 봤다. 나는 그런 경험을 한 뒤로 골치 아픈 명도는 하지 않는다. 경매 물건 중 골치 아픈 건 10% 내외다. 나머지 90%는 골치 아프지 않는 부동산이다. 굳이 어려운 물건 찾아서 하지 말고 쉬운 물건 찾으면 된다. 쉬운 물건은 경쟁자가 많아서 낙찰받기 힘들다고 한다. 과연 그럴까?

이미 만들어진 부동산에 입찰하니 그런 결과가 나온 것이다. 내 눈에 좋아 보이면 남 눈에도 좋아 보이는 법, 내 눈에 좋지만 남 눈에는 좋아 보이지 않는 부동산을 찾는 눈이 진짜 실력이다.

나는 실제 경매를 배운 적도 경매 학원을 다닌 적도 없지만, 누구보다 경매 수익률이 높다. 급한 사연 있는 물건을 밀고 당기는 작업을 거쳐 시세 대비 50% 싸게 샀다면 경매는 작업하지 않아도 30% 가격으로 살 수 있다. 경매를 하는 목적이 무엇인가? 다들 시세에 비해 싸게 사려고 경매를 한다. 싸게 사려면 어떻게 해야 할까? 바로 물건을 찾아내는 안목을 키우는 게 먼저다. 부동산을 많이 접해서 물건을 보는 눈을 키워야 한다. 지금 보기엔 하찮지만 조금만 손되면 주옥같은 물건으로 바뀌는 부동산을 찾아야 한다. 처음부터 이런 안목을 키우는 게 쉽지 않을 수는 있다. 하지만 내가 해본 방법을 따라 실천해서 한 번만 수익을 내보면 그다음부터는 이런 물건들이 쉽게 보인다. 경험을 해봤기 때문에 뭐가 돈이 되는지가 보이는 것이다.

2억 5,000만 원 가치의 아파트를 2,800만 원에 낙찰받다

▲ 낙찰받은 1층 아파트와 내부

2015년 1월에 낙찰받은 부산 서구 암남동에 위치한 1층 아파트다. 총 2층까지 구성된 이 아파트는 전용면적이 약 14평 정도로 우리가 흔히 말하는 18평형 아파트다. 건축법상 주택으로 쓰는 층수가 5개 층이 넘어야 아파트라고 부르는데, 예전에 짓다 보니 2층인데도 아파트라는 명칭을 붙인 것으로 보인다. 연립주택이라고 부르는 게 더 정확한 호칭이다.

1층에 위치한 109호 건물이 경매에 나왔다. 5,300만 원의 감정가로 나온 이 아파트를 4회 유찰을 거쳐 2,800만 원의 금액으로 단독입찰, 낙찰받았다. 사진에서 보는 바와 같이 곰팡이가 온 집안을 덮을 정도로 내부 상태가 매우 좋지 않다. 여러분에게 이 아파트 입찰하라고 하면 과연 하겠는가? 이런 쓰레기 같은 물건에 입찰하라니 과연 제정신인가 싶은가? 실제 다른 사람들도 여러분과 같은 생각이었는지 아무도 입찰하러 오지 않았다. 겉으로 보기엔 이렇게 보잘것없는 아파트가 진흙 속에 가려진 진주임을 알아볼 수 있는 사람이 몇이나 있을까?

▲ 부산 송도 바닷가 인근에 위치한 해당 건물

누누이 얘기했듯 미래가치 있는 곳에 투자하라고 했다.

사진에서 보듯 해당 아파트는 부산 송도해수욕장 인근에 있다. 송도 카페거리, 송도 해상케이블카 등 아름다운 자연 풍경으로 많은 관광객들이 유치되고 있으며 남항대교로 연결되는 편리한 교통편으로 접근성이 좋다.

이 아파트를 유심히 본 이유는 대지지분이 매우 넓다는 점이다. 전용면적 14평에 대한 대지지분이 약 25평에 달해 재건축된다면 그야말로 최적의 투자 가치가 있는 아파트였다.

재건축될지…. 이게 핵심이다.

나는 경매 나온 아파트 바로 옆 필지를 주목했다. 옆 필지 소유자는 개인으로 면적이 2,200평에 달했다. 토지이용계획서를 보니 2

종 일반주거지역 외에 별다른 규제가 없었다(지금은 3종 일반주거지역으로 상향돼 더욱 가치가 높아졌다). 이렇게 좋은 위치에 있는 땅을 토지주가 놀리고 있지는 않을 것이다. 아파트를 충분히 지을 수 있는 면적이기 때문이다. 옆 필지 등기부를 보고 소유자의 주소로 연락을 취해 소유자와 전화 통화를 할 수 있었다. 현재 소유자가 무슨 마음을 가졌는지 알아보기 위해서다.

▲ 부산 송도 바닷가 인근에 위치한 해당 건물(옆 필지를 주목하다)

"사장님, 안녕하세요. 저는 건설사 박○○팀장입니다. 사장님께서 소유하고 계신 토지를 저의 건설사에서 매입하고 싶어 연락을 드렸습니다."

"건설사요? 건설사에서 나한테 무슨 볼일이 있다고 전화하셨어요? 이 땅은 팔 생각이 없으니 그리 아세요."

"좋은 기회인데 왜 안 파시나요?"

"긴말 필요 없고 안 팔아요."

"그러지 마시고 다시 한번 생각해보세요. 사장님도 이렇게 땅을 두시는 것보다 파시는 게 훨씬 이익이잖아요."

"아이고, 안 판다는데 거참 성가시게 하네요. 내가 지을 생각이니까 안 팔아요. 이제 됐어요?"

계속 땅을 팔라고 재촉하자 소유자는 성가셨는지 자신이 아파트를 지을 생각이란 속내를 비쳤다. 우선 1단계 계획이 성공이다. 이제 그다음 차례다.

"아, 그러시군요. 그럼 인근 ㅇㅇ아파트도 같이 매입해서 지으시나요?"

"거참, 그런 건 왜 물어요?"

"궁금해서 여쭙습니다. 저희 건설사에서는 인근 저층 건물인 ㅇㅇ아파트도 매입해서 지을 생각이었거든요."

"거참, 그거야 당연하지 않소. 뭐하러 자잘한 건물들 남겨두고 짓겠어요. 깔끔하게 매입해서 넓게 짓는 게 훨씬 좋다는 건 다 아는 사실 아니오?"

상황정리가 끝났다. 옆 필지 소유자가 직접 아파트를 지을 생각이며 인접 주택들을 매입할 생각이다. 실제 경매 나온 해당 아파트는 2층까지 구성돼 총 30세대로 세대수가 적고 대지 면적이 넓어 건축주 입장에서는 매우 탐나는 땅이다. 천마산 터널이 이 아파트 아래를 관통하고 있고 남항대교 위에 위치해 영구적으로 바다 조망을 갖춘 최상의 입지였다. 부산시청에 문의해본 결과 옆 지주 땅은 35층까지 건축이 가능한 토지였다. 경매 나온 해당 호수는 대지지분이 25평에 달해 꽤 높은 금액으로 환가될 것이다. 이곳에 아파트가 들어서면 대지지분에 해당하는 25평까지는 아파트를 무상으로 받을 수 있다. 이 지역의 아파트 가격이 평당 1,000만 원이 넘는 걸 감안하면 2억 5,000만 원 이상이다. 그야말로 앉아서 돈 버는 물건이다.

▲ 부산 송도 바닷가 인근에 위치한 해당 건물

5,300만 원으로 시작한 물건은 2회 유찰을 거쳐 3,400만 원에 형성돼있었다. 이번 회차에 들어가도 나쁘지는 않으나 낙찰 여부를 장담할 수 없었다. 따라서 혹시 있을 경쟁자들을 물리치기 위해 심

리전을 쓰기로 했다. 가족 이름으로 4,100만 원이 넘는 가격으로 입찰했다. 이는 전차 가격에 근접한 가격이므로 낙찰받을 것이다.

역시나 최저 가격에 근접한 가격을 적은 경쟁자를 제치고 낙찰을 받았다.

낙찰을 받았으니 끝났을까? 아니다. 이렇게 싱겁게 낙찰받으려고 4,100만 원을 쓴 게 아니다. 나는 일부러 잔금을 미납했다. 잔금미납으로 340만 원 정도의 입찰보증금을 몰수당했다. 이윽고 이 물건은 재경매에 등장했고 아무도 입찰자가 없어 유찰됐다. 한 번 더유찰되는 모습을 지켜본 나는 5회차에 2,800만 원의 금액을 적어 단독입찰, 낙찰받았다. 전 낙찰자가 보증금을 날리면서 잔금을 미납한 결과를 본 입찰자들은 보기보다 훨씬 더 형편없는 물건이라는 두려움에 입찰을 꺼린 결과다. 내가 저가에 낙찰받기 위해 노린 심리가 바로 이것이다. 날린 입찰보증금이 340만 원 정도 되니 3,240만 원의 금액으로 낙찰받은 셈이다. 경쟁자가 접근하지 못하게 상황을 만들어 놓은 뒤 저렴한 가격에 쟁취할 수 있었다.

⚠ 내부 전체를 뜯어낸 후 새로 깨끗이 공사를 마쳤다. 프로젝트 빔을 설치해 영화를 볼 수도, 야외에 서 바비큐를 구워 먹을 수도 있다. 송도 앞 바다 조망이 최상이다.

경매로 물건 투자하는 법

땅은 개발지 위주 지역으로 사는데 뉴스를 계속 예의주시하고 있다가 호재가 나오면 바로 잡아야 한다. 이때 경매·공매 사이트부터 먼저 찾아봐야 한다. 호재가 발표되기 전에 이미 경매가 신청돼 진행되고 있는 물건이므로 개발 호재가 반영이 안 돼있다. 경매 감정평가는 최소한 6개월 전의 가격이기 때문에 현 시세보다 저렴하다. 이렇게 뉴스를 많이 보면서 좋을 지역을 선정한 후 경매를 적용해 낙찰받으면 수익률이 클 수밖에 없다.

주택, 상가, 아파트 등도 마찬가지다. 당장 일어난 일을 바라보고 좇아가면 늦는다. 이때도 경매를 적절하게 이용하면 좋은데, 만약 대세 상승기라면 입찰가는 상승기가 반영이 안 된 가격으로 진행을 하니 현재 시세보다 저렴하다. 하지만 대세 하락기라면 신건에 입찰하면 위험하다. 기존에 올라있는 시세로 감정평가돼 가격의 왜곡을 불러오기 때문이다. 이때는 유찰되길 기다렸다 적정가격으로 입찰해야 한다.

부동산 투자의 진정한 꽃은 '교환'이다

지금까지는 잃지 않는 부동산이 어떤 것인지, 수익률은 얼마인지를 보여줬다. 솔직히 이 정도 수익을 내는 일은 어렵지 않다. 부동산을 조금만 알면 누구나 할 수 있는 일이다. 아무나 할 수 있는 건 아니지만 단시간에 큰 수익을 벌 수 있는 것은 바로 '교환'이다. 이제껏 많은 분들은 매도·매수만 알고 교환을 해본 적은 거의 없을 것이다.

부동산 교환은 서로 필요한 부동산을 맞바꾸고 차액만 현금으로 결제하는 거래방식이다. 팔면 되지 왜 교환을 할까? 대부분 쉽게 팔리지 않는 부동산인 경우 교환을 하는 경우가 많다. 쉬운 예를 들어

보자. 땅을 팔아 상가를 마련하려는 A, 하지만 땅이 팔리지 않아 상가를 사지 못하고 있다. 상가를 팔아야 하는 B, 경기가 급랭해 상가가 팔리지 않고 있다. 이때, A와 B가 만나 교환하는 것이다. 이 외에도 금융비용, 세금 등 부담이 과중한 경우 또는 향후 시세차익을 기대하기 어렵거나 혹은 부동산을 유지하기 어렵다는 등의 사유로 주로 처분하는 경우가 많은 편이다. 즉, 매도자끼리 부동산을 가지고 있어야 하는 필요를 느끼지 못해 놀려놓는 부동산을 처분하고 새로 원하는 부동산을 취득해 서로 이익을 극대화할 수 있기 때문에 매도자 서로에게 이익이 되는 그런 경우다.

투자자인 나는 솔직히 교환할 만큼 필요한 물건이 없다. 필요하면 사면 되기 때문이다. 하지만 내 물건을 원하는 상대방이 갖고 있는 물건이 팔리지 않아 내 물건을 못 사고 있을 때, 무조건 이기는 게임을 할 수 있다. 굳이 나는 교환하지 않아도 상관없는데 상대방은 반드시 '교환'을 해야 한다면 내가 아쉬울 게 없으니 우위를 점할 수 있다.

부동산 교환에서 유의할 점은?

부동산 교환의 법적 사항을 보면, 교환은 재산권의 이전을 목적으로 하는 점에서는 매매와 같으나, 그 대가가 금전이 아니고 다른 재산권인 점에서 매매와 구별된다.

일단 교환계약이 성립하면 각 당사자는 목적이 된 재산권을 그 상대방에게 이전해줄 채무를 부담하게 되고 이를 이행하지 못하게 된 경우에는 상대방에게 채무불이행책임을 부담하게 된다. 만약 계약체결 후 채무자가 자신의 책임 있는 사유로 채무를 이행하는 것이 불가능하게 된 경우 채권자는 본래의 채무이행에 대신하는 손해배상을 청구하거나 교환계약 자체를 해제할 수 있다(민법 제546조).

한편, 부동산 교환은 일반매매보다 거래에 따른 단계가 단순할 뿐 아니라 시간과 경비를 줄여준다는 점에서 많은 장점을 갖고 있다. 따라서 교환 방법을 잘 활용해 위험성만 배제된다면 부동산을 빨리 처분하고 원하는 부동산을 대신 골라잡을 수 있고 게다가 현금 없이도 거래할 수 있어 적합한 투자 방법이지만, 불공정한 교환 등으로 인해 피해를 보기도 하기에 주의를 필요로 한다.

부동산 교환의 장점

1. 시장성이 낮은 부동산을 처분할 가능성이 크다 : 일반 부동산 매매의 경우 부동산을 매입할 때 모두 현금이 필요한데 부동산 교환은 부족한 가치만 현금으로 지급하면 되기 때문에 그만큼 거래가 빠르다.

2. 경제적이다 : 여러 번의 거래를 줄임으로써 시간과 비용적인 측면에서 경제적이다. 동시에 몇 건의 부동산을 묶어서 교환할 수도 있어 당사자들에게는 효율적인 측면이 상당히 있다.

3. 양도소득세 절세가 가능하다 : 양도가액은 실제 거래가액으로 하되, 특별히 정한 바가 없으면 기준시가에 의할 수도 있어 양도세 절세효과도 기대할 수 있다.

부동산 교환의 단점

1. 교환거래의 기준이 되는 가치평가가 정확하지 않다 : 토지가액, 점포 권리금 등 부동산 시장에서 정확하게 평가되지 못하는 부분들로 인해 불공정한 거래가 발생될 소지가 있다.

2. 거래 당사자들의 주관적 개입이 강해 거래 성사율이 낮아진다 : 거래 당사자들은 당사자 물건은 시장가액으로 하고 상대방 물건들은 급매가로 평가하려는 성향이 있다. 자기물건이 상대방 물건보다 좋아 보인다는 선입견이 강하다.

3. 검증 신빙성이 떨어진다 : 신빙성 없는 검증인을 택할 경우, 피해를 볼 수 있다.

부동산 교환 시 유의할 사항

1. 적정가격의 판단은 객관적인 사람에게 말한다. 교환물건은 어

느 한쪽이 손해 보는 경우가 보통이다. 가격평가가 객관적으로 이뤄지지 않기 때문에 호가에 따라 불공정한 교환이 이뤄지는 탓이다. 누구나 자신의 물건은 높게 평가하고 상대측의 물건은 낮게 평가하려 하기 때문에 서로 절충하기가 어렵다. 따라서 거래에 참여하지 않은 중개업자나 감정평가사 또는 전문 컨설팅업체에 의뢰해 적정 가격을 심사해야 한다. 문제가 있는 매물을 속임수로 교환하려는 사람이라면 객관적인 위치에 있는 사람에게 심의받는 것을 회피한다.

2. 세금 문제를 미리 확인한다. 부동산의 맞교환도 법률상 양도에 해당하므로 구입 가격과 교환 가격에 차이가 있으면 양도소득세 부과 대상이다. 매도자가 양도소득세 신고를 하지 않으면 기준시가로 양도소득세가 산정된다. 만일 실제 거래가액으로 양도소득세를 신고할 필요가 있을 때는 세무사와 상담해 절세방안을 모색하는 것이 유리하다. 또한 가격이 현저하게 차이가 있는 매물을 맞교환하면서 같은 가격으로 신고해 적발될 때는 그 차액을 증여한 것으로 보고 증여세가 부과될 수도 있으므로 주의해야 한다.

3. 근저당, 임대차 관계를 분명히 확인한다. 교환대상 물건에 근저당이 있는 경우 이를 해지할 것인지 넘겨받을 것인지를 표기한다. 넘겨받는 경우 채권자가 채무인계를 허락해주는지 직접 확인해야 낭패를 당하지 않는다. 전세금을 안고 교환하는 경우도 임대차기간이 언제 끝나는지, 전세금 반환문제로 분쟁이 있는지를 임차인에게

직접 확인해야 한다.

4. 서두를수록 위험하다. 문제가 있거나 가격을 속인 교환물건은 중개업자가 좋은 물건이란 것을 과장하기 위해 가짜 고객을 불러들여 경쟁 심리를 부추기거나 바람잡이들이 서두를 것을 재촉한다. 따라서 교환매물은 다른 매물과는 달리 상대방이 요구하는 계약날짜보다 며칠 연기하고 충분히 파악할 수 있는 시간을 확보해야 한다.

5. 대리인과의 계약을 주의한다. 부동산을 거래할 때 소유자가 아닌 사람이 위임을 받아 나오는 경우가 많은데 이는 법적으로 문제가 되는 것은 아니다. 그러나 교환 때 등장하는 대리인은 원래의 소유자와 매물을 계약해 놓은 후 미등기 전매하거나 채권자가 권리를 행사하는 경우가 종종 있다. 따라서 대리인이 나올 경우 위임장과 매매위임용 인감증명을 첨부했는지 확인하고, 원소유자와 직접 통화해 교환 사실을 전달해야 소유권이전 후 분쟁이 발생하지 않는다.

6. 점포는 권리금, 임대차 재계약 여부를 확인한다. 점포는 매매가액이나 전세금 외에 권리금이 붙어서 금액이 산정된다. 그런데 권리금의 적정 여부는 실제 장사를 해봐야 알 수 있으므로 며칠간 영업을 해본 후 넘겨받는 조건을 다는 것이 유리하다. 또한 임대차물건은 건물주와의 임대차계약이 가능한지, 전세보증금이 변동되는지 확인해야 한다. 이와 함께 점포의 용도를 바꿀 경우 도시계획법상 영업이 가능한지 해당 관청에 확인해야 한다.

7. 주택지는 하자와 민원을 확인한다. 주택지와 교환하는 경우 기존 주택을 헐고 새 주택을 건립하는 경우가 많다. 때문에 도로와의 접근조건 등 공법상 제약조건이 있는지, 해당 관청 주택과에 확인해봐야 한다. 또한 건축을 할 경우 이웃에서 민원이 제기될 가능성은 없는지도 알아봐야 한다.

부동산 교환절차

교환의뢰
(신뢰할 수 있는 중개사무소 선택, 무허가 중개인 조심)

↓

현장답사, 권리분석
(시세 부풀리기 여부 파악 및 근저당·임대차 관계 확인)

↓

교환계약
(하자 책임에 대한 단서 조항 명기, 대리인과의 계약은 가급적 피할 것)

↓

매매차액 정산

↓

소유권이전
(담보대출 승계 여부 사전 확인)

↓

양도소득세 신고
(양도차익이 있을 때만 해당)

※ 중개수수료는 교환물건 중 고액을 기준으로 한 번만 지급하는 게 관례지만 내 물건을 팔고 다른 물건을 사는 것으로 보고 이중 부동산 중개수수료를 요구하는 경우가 많다. 사전에 중개수수료를 조율하는 지혜가 필요하다.

Part 10

당신의 성공을
위한 조언

Part 10

과연 저축만이 최선일까?

많은 수익을 벌지만 마지못해 일하는 사람도 있고, 수익은 적지만 만족하고 사는 사람도 있다. 직업이란 단순히 돈을 많이 번다고 그 일이 재밌을 거라고 단언할 수는 없다.

사람은 기본적으로 의식주를 위한 경제적 수단으로 돈을 번다. 의식주가 채워지면 다일까? 좋은 옷 입고, 좋은 밥을 먹고, 좋은 집에 살면 만족할까? 그렇지 않다.

물론 먹고 살기 급급한 사람은 의식주만 충족돼도 만족할 것 같다고 말할 수 있지만 실제 의식주가 충족되면 더한 가치를 부여받고 싶어진다. 사회에서 인정받고 싶고, 존경받고 싶고 자아실현을 하고 싶다. 자신의 능력을 충분히 발휘해 스스로 보람을 느끼는 것이다. 나는 만들어가는 부동산으로 큰 수익을 보면서 부동산 재테크가 더욱 재밌어졌다. 직접 기획하고, 실행하고, 완성된 모습을 보며 무에서 유를 창조하는 즐거움을 느끼는 것이다. 실제 예술가들이 이런 기분일 것이란 동질감도 느낀다.

문재인 정부 들어 많은 부동산 규제정책이 보도되고 있다. 현재 전국 42곳의 조정지역은 1세대 1주택 비과세요건이 2년 보유에서 2년 거주로 강화돼 시행 중이다. 또한 2018년 4월 1일 이후에는 다주택자 양도소득세 중과가 시행된다. 이는 전국의 모든 다주택자가 중과대상이 아닌 조정지역의 주택을 양도하는 다주택자만 중과대상이다. 투기지역은 세대당 주택담보대출이 1건 이상이면 추가대출이 억제되고, 투기과열지역은 DTI가 40%(기존 주택담보대출이 1건 있는 경우 30%)로 억제되는 등 대출이 자유롭지 않다. 또한 금리인상, 보유세 강화, 임대소득 과세도 예견되고 있다. 이처럼 시시각각 조여 오는 정부정책은 부동산 투자자들에게 많은 부담을 준다. 정책에 따라 웃기도, 울기도 하기에 정책과 투자는 떼려야 뗄 수 없는 관계다.

이런 이유로 부동산 투자를 부담스러워하는 사람들이 많다. 오르면 다행이지만 떨어지면 그대로 손해로 연결되기 때문이다. 차라리 투자를 하지 않았더라면 손해 볼 일이 없었기에 가만히 있겠다는 분도 있다.

물론 개인마다 가치관이 다르기에 뭐라 할 말은 없지만 경제에 입각해 뭐가 옳은지 그른지는 알고 있어야 하지 않을까?

비교선택	금융회사 ▼	상품명 ▼	세전▼이자율	세후▼이자율	세후▼이자(예시)	최고▼우대금리	가입▼대상	이자계산방식 전체 ▼ 선택
☐	전북은행	인터넷정기예금 (만기일시지급식)	1.35%	1.14%	114,210	1.35%	제한없음	단리
☐	제주은행	제주Dream정기예금(개인/만기지급식)	1.35%	1.14%	114,210	1.45%	제한없음	단리
☐	부산은행	e-푸른바다정기예금	1.30%	1.10%	109,980	1.30%	제한없음	단리
☐	부산은행	BNKe스마트정기예금	1.30%	1.10%	109,980	1.30%	제한없음	단리
☐	중소기업은행	i-ONE놀이터예금	1.30%	1.10%	109,980	1.60%	제한없음	단리
☐	중소기업은행	IBK평생한가족통장 (실세금리정기예금)	1.30%	1.10%	109,980	1.50%	제한없음	단리
☐	한국스탠다드차타드은행	홈앤세이브예금	1.30%	1.10%	109,980	1.30%	제한없음	단리
☐	한국씨티은행	자유회전예금	1.30%	1.10%	109,980	1.35%	제한없음	단리
☐	한국씨티은행	프리스타일예금	1.30%	1.10%	109,980	2.00%	제한없음	단리
☐	경남은행	다모아 정기예금	1.25%	1.06%	105,750	2.25%	제한없음	단리

▲ 은행별 저축이자(출처- 금융감독원)

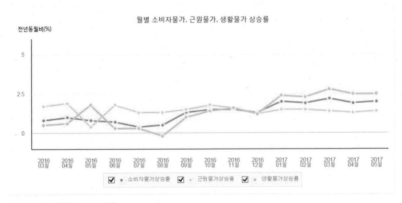

▲ 물가상승률 (출처-통계청)

금융감독원의 은행별 저축이자를 보면 세후 1.1% 내외지만 통계청의 물가상승률을 보면 약 2.3%다. 즉 최소 2.3% 이상의 이자가 붙여줘야 그나마 본전인데 이보다 낮은 이자가 붙으니 저축만 고집하면 앉아서 손해 보는 구조다. 실제 체감물가상승률은 훨씬 높게 느껴지니 은행이자와 더 괴리가 느껴진다.

월급은 찔끔 오르는데 물가는 더 많이 오른다

물가가 오르면 주부들은 "장보기가 겁난다", "만 원짜리 한 장으로 살 것이 없다"고 불평한다. 이는 물가가 오르면 일정한 돈으로 시장에서 살 수 있는 물건의 양이 줄어들기 때문이다. 다시 말해서 일정액의 급여나 연금으로 생활하는 가정은 물가가 오르면 사실상 소득이 줄어든 것과 같게 된다. 또한 은행예금을 가지고 있는 사람도 물가가 오르면 이들 저축의 실제 가치가 떨어지게 되므로 손해를 보게 된다. 집 없는 서민들도 집값이 오르면 내 집 마련이 더욱 어렵게 돼 상대적으로 더욱 가난해진다.

우리나라는 선진국에 비해 높은 성장세가 장기간 지속하면서 총수요가 빠르게 증가했고, 이를 따라 물가도 빠르게 올랐다. 물가상승은 양날의 검에 비유되곤 한다. 물가가 적당히 오르는 것은 경기가 좋다는 신호다. 경제가 살아나면 가계와 기업의 소득이 늘고 수요가 증가해 물가가 오르기 때문이다. 하지만 과도하게 뛰면 소비자들의 부담이 커진다. 지출이 줄고 경기가 꺾일 수 있다. 정부와 중앙은행이 경제 성장을 해치지 않는 범위에서 안정적인 물가상승 수준을 뜻하는 물가안정목표를 정하고 공들여 관리하는 이유다.

물가가 계속 떨어지면 어떤 일이 벌어질까. 지갑이 상대적으로 두툼해져 좋을 것 같지만 실제론 그렇지 않다. 경기 침체 속에 물가가 떨어지는 디플레이션 현상이 발생한다. 저물가가 장기간 지속하면 '기업 매출 감소 → 성장 정체 → 소득 감소 → 소비 위축 → 저물가'의 악순환을 낳을 수 있다. 경제가 무기력증에 빠져 앞으로 나가지 못하는 것이다. 이웃나라 일본이 바로 그 디플레이션 때문에 오랫동안 고생했다. 일본은 1990년대 이른바 '잃어버린 10년' 이후 경제의 활력이 떨어지면서 물가상승률도 장기간 바닥을 면치 못했다. '아베노믹스'라 불리는 양적완화 정책은 지긋지긋한 디플레이션에서 벗어나기 위해 시중에 돈을 풀고 물가상승을 적극적으로 유도했다. 이처럼 거의 모든 국가는 궁극적으로 안정적인 물가상승을 유도한다. 특히 우리나라는 성장국가이므로 통화량 증가에 따른 물가상승은 필연적이다.

물가의 변동을 판단하는 대표적인 경제 지표로 소비자물가지수(CPI)가 있다. 이는 소비자가 구입하는 상품이나 서비스의 가격변동을 나타내는 지수다. 소비자물가지수는 소비자들이 주로 구입하는 상품과 서비스 460개 품목의 가격을 가중평균해 산출한다. 이 품목에는 식료품, 가정용품, 의류, 통신, 오락, 문화 등과 관련된 수많은 상품과 서비스가 들어있다. 소비자들의 지출액 비중이 큰 식료품, 주택, 전기, 가스 등에는 높은 가중치가 부과되고 자주 지출하지 않는 선풍기, 와인, 피아노 같은 품목에는 낮은 가중치가 부과된다. 소비지출 비중이 큰 품목들의 가격 변화가 전체 소비자물가 변화에 더 큰 영향을 주고, 지출 비중이 작은 품목들은 상대적으로 영향을 덜 주어 정확하고 현실성 있는 물가를 계산하기 위해서다. 소비자 물가 대표 품목과 가중치는 소비자들이 생활습관이나 소비 트렌드를 반영해서 5년마다 개편된다.

하지만 이렇게 발표되는 소비자물가지수는 실제 소비자들이 느끼는 체감물가와 상당히 다른 경우가 많다. 왜 체감물가와 통계물가가 차이가 날까?

소비자들은 당장 사야 하는 쌀, 채소, 과일 등 기본 생필품을 구입하며 물가를 가늠한다. 이를 장바구니 물가라고 한다. 하지만 실제 소비자물가에는 이것들 외에 460여 품목이 들어있기 때문에 이 품목을 모두 구입하는 사람이 아니고서는 소비자물가와 체감물가가 차이 날 수밖에 없다. 통계청이 발표하는 소비자물가상승률은 2% 내외지만 체감물가는 최소 3~4% 이상이다.

　과거부터 현재까지 서민들의 대표적인 외식 메뉴인 자장면 가격을 보자. 1960년대 자장면이 우리나라에 처음 등장했을 때 가격은 겨우 15원이었다. 그것이 70년대 들어와서 300원, 80년대 500원, 90년대 갑자기 가격이 껑충 뛰어 1,500원대, 2000년대에 2,000원대로 올랐다. 2017년 현재 전국 자장면 평균은 한 그릇 5,000원 내외다. 30년 전만 해도 500원으로 사 먹었던 자장면이 지금의 500원으로는 자장라면도 사 먹기 힘들다.

통화량 상승은
화폐가치 하락을 불러온다

단위 : 십억 원

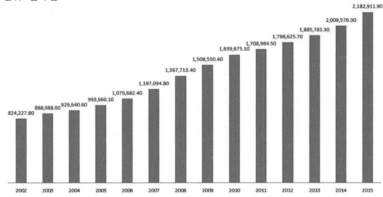

▲ 우리나라 통화량(M2) 증가 추이도 (출처–한국은행)

　시중에 유통되는 돈의 양을 나타내는 통화지표는 돈의 흐름을 파악하는 기준이다. 대표적인 통화지표에는 협의통화(M1), 광의통화(M2)가 있다. '협의통화(M1)'는 지급수단으로써의 화폐의 기능을 중시한 통화지표로, 민간이 보유하고 있는 현금과 예금 취급기관의 결제성예금의 합계다. '광의통화(M2)'는 협의통화(M1)에 예금취급기관의 정기예금, 정기적금 등 기간물 정기 예·적금 및 부금, 거주자 외화예금 그리고 양도성예금증서(CD), 환매조건부채권(RP), 표지어음 등 시장형 금융상품, 금전신탁, 수익증권 등 실적배당형 금융상품, 금융채, 발행어음, 신탁형 증권저축 등을 포함한다. 다만, 유동성이 낮은 만기 2년 이상의 장기 금융상품은 제외한다.

M1 = 민간보유현금 + 은행 요구불예금 + 은행 저축예금 + 수시입출식 예금(MMDA) + 투신사 MMF

M2 = M1 + 정기 예·적금 및 부금 + 거주자외화예금 + 시장형 금융상품 + 실적배당형 금융상품 + 금융채 + 발행어음 + 신탁형 증권저축

광의통화(M2)는 통화(M1)보다 넓은 의미의 통화지표로 우리나라는 광의통화(M2)가 다른 통화지표보다 경제 성장·물가 등 실물 경제와 밀접한 관계를 맺고 있다고 보고 통화 관리의 중심지표로 사용하고 있다. 우리나라 2017년 기준 광의통화(M2)는 2,417조 원이다.

우리나라 통화량은 매년 증가하고 있다. 이는 우리나라뿐 아니라 전 세계적 추이이다. 통화량이 증가하면 물가가 상승한다. 이는 통화량 증가에 따른 화폐가치의 하락과 통화량 증가 속도보다 물질 자산의 증가 속도가 더딜 수밖에 없기에 나타나는 현상이다. 예를 들어 지하철 요금이 1,000원→1,200원으로 올랐다면 이는 새 지하철로 교체했거나 지하철 서비스가 더 좋아졌음을 뜻하지 않는다. 통화량 증가에 따른 화폐가치가 하락해 1,200원을 받아야 예전의 1,000원을 받은 것과 같은 효과가 나타나는 것이다.

1997년	구분	2017년
400원	🚌 버스	1,200원
400원	🚈 지하철	1,250원
1,000원	🚕 택시	3,000원

▲ 대중교통 요금기준 (출처–서울시)

금 가격이 올랐다고 말하는 것은 엄밀히 말하면 금의 가치가 상승한 것이 아니다. 금은 그대로인데 돈의 가치가 하락해 금 1돈을 사려면 전에는 5만 원이면 사는 것을 지금은 20만 원을 줘야 살 수 있다는 것이다. 지금 20만 원을 주고 산 금 1돈이 예전 금 1돈보다 더 크고 금 함량이 많이 들어있어서가 아니라 그만큼 화폐가치가 하락했다는 것이다. 물론 모든 물가가 금처럼 크게 오른 것은 아니다. 실질 물가상승 비율보다 금값 상승 비율이 더 높은 것이다. 이런 것을 우량자산이라고 부른다.

열심히 돈을 벌어서 차곡차곡 1억 원을 모았다고 보자. 그런데 모으기 전에는 1억 원으로 살 수 있는 것들이 몇 년 뒤 비싸져서 못 사게 되는 사태가 발생한다. 위험하게 투자한 것도 아니고 착실하게 모아뒀지만 그사이 내 돈의 가치가 떨어진 것이다. 따라서 물가상승에 따른 화폐가치 하락을 방어하기 위한 우량자산의 투자는 선택이 아닌 필수다.

망망대해를 표류하고 싶은가?

"꿈도 크고 꿈을 이룰 능력도 있는데 나는 왜 이 모양이죠?"

직장인들에게서 이런 질문을 많이 받는다. 즉 일에 대한 성취 욕구도 강하고 능력도 충분히 있는데, 원하는 만큼 발전하지 못하는 이유를 알고 싶다는 것이다. 많은 직장인, 특히 스스로 유능하다고 믿고 회사에서도 능력을 인정받는 직장인일수록 왜 뜻대로 안 되느냐고 스스로 묻거나 선배 혹은 상사 등을 찾아 컨설팅을 시도한다. 이 같은 직장인에게 보내는 유일한 충고는 '목표를 세워라!'다. 목표가 없는 인생은 이정표 없이 망망대해를 표류하는 배와 같다.

목표는 단순히 겨냥해야 할 과녁 정도가 아니라 실현 가능성이 있어야 하고 의지적이어야 한다. 목표는 일단 세워지면 불가사의한 힘이 깃들게 된다. 사람이 목표를 이끌고 가는 것이 아니라, 목표가 사람을 리드한다. 초점을 맞추는 목표는 우리에게 불타는 열망, 강한 자신감, 그리고 실행해내고야 말겠다는 확고부동한 결의를 불어넣어 준다. 그것이 목표의 힘이다.

간단한 예로 당신이 좋은 휴양지로 여행을 가기로 정했으면 어디로 갈 것인지 정하는 게 1차 목표다. 목표도 없이 막연히 좋은 휴양지로 데려다 달라고 하면서 비행기에 탑승했고 이륙했다면 과연 제대로 된 여행이 될 수 있을까? 기장이 말하길 "발리도 좋은 것 같으니 기수를 그곳으로 돌릴까요? 아니면 하와이도 좋은데요. 아니

더 멀리 남쪽 섬으로 갈까요?" 하는 등 우왕좌왕한 모습에 제대로 된 여행이 될 리 만무하다.

이처럼 여행을 가더라도 목표를 세우고, 목적지, 노선 등을 정하는 게 당연한 이치인데 하물며 인생이라는 망망대해에서 목표 없이 출항한다는 것은 파도와 암초에 부딪혀 좌초되기에 십상이다.

1953년 미국 예일대학에서 졸업생들을 대상으로 인생의 목표에 관한 설문조사를 했다. '명확한 목표와 그 목표달성을 위한 계획서를 작성해본 적이 있느냐?'는 질문에 학생 중 3%만이 '그렇다'라고 답했다. 87%는 목표설정을 아예 하지 않았고, 10%는 대략적이나마 목표를 세우려는 노력을 약간 했으며 나머지 3%는 행동계획과 목표설정 기준을 직접 종이에 그려가며 생각해봤다고 답했다.

이 연구는 20년 후 1973년 마침내 결과를 발표했다. 20년이 흐른 후 관련 조사원들이 당시 졸업생들을 다시 조사했더니 목표를 설정한 3%의 학생들이 직업이나 재정상태 등 모든 면에서 나머지 97%의 학생들을 다 합한 것보다 훨씬 더 놀라운 발전을 이뤘다. 단지 대학 시절 자신의 목표와 꿈을 적었다는 사실이 삶 전체를 좌우한다는 것이 놀랍다. 소위 명문대학을 졸업하고 학력이 높다고 해서 모두가 성공하고 부자가 되지 않는 것은 미국이나 우리나라나 마찬가지다. 학벌을 운운하기보다 삶의 목표와 자신의 꿈을 설정하는 것이 무엇보다 중요하다.

목표설정의 가장 큰 효과는 일의 우선순위를 정해 집중할 수 있다는 점이다. 일의 우선순위를 정한다는 것은 '급하지만 중요하지 않은 일'보다 '급하지는 않지만 중요한 일'을 먼저 하는 것이다. 급하다고 닥치는 대로 먼저 처리하다 보면 중요한 일은 늘 뒷전으로 밀려 결국 '시간이 없었다'라는 변명을 늘어놓을 뿐이다. 중요한 일을 한다는 것은 성공을 위해 시간을 투자한다는 의미다. 이 세상에 자신에게 투자하는 것보다 더 시급한 일은 없다.

왜 실천하기 힘들까?

실천의 중요성을 너무도 잘 알고 있는 당신, 하지만 현실은 어떤가? 대부분 실천하기 힘들다고 한다. 힘들다는 말의 내면에는 실천하기가 두렵기도 하고 귀찮기도 하단 뜻이 내포돼있다. 당신이 아무리 실천의 중요성을 알고 있어도 아는 것과 직접 실천하는 것은 다르다. 지속적으로 강의를 듣고 책을 읽어도 사람은 쉽게 변하지 않는다.

매해 연말이 되면 45%의 사람들이 열성적으로 그리고 긍정적으로 다가올 한 해에 어떤 일들을 이뤄내고 싶은지 생각하고 결정한다. 하지만 실제로 1월 1일에 세운 결심들을 그해의 마지막까지 실천하는 사람들의 비율은 8%며, 25%는 처음 한 주를 넘기지도 못한다는 통계가 있다.

실천을 위한 4가지 원칙

어떤 것이든 습관이 되면 어려운 것도 쉽게 해낼 수 있다. 물론 그 습관 만드는 게 어려워 대부분 실패한다. 하지만 원래 계획은 실패하는 게 당연하다. 실패하면 새로 시작하면 그만이다. 오늘 당장 아주 작고 쉬운 목표부터 출발해보자. 삶을 바꾸는 가장 빠른 방법이다.

1. 쉬운 목표

사람은 하루아침에 바뀌지 않는다. 마음 한 번 독하게 먹었다고 바뀔 만큼 인간의 의지는 대단하지 않다. 평생 다이어트에 실패한 사람이 갑자기 한 달에 10kg을 빼겠다고 다짐하는 건 말이 안 된다. 강한 의지가 있어야 실천할 수 있는 계획은 실패 확률이 대단히 높다. 시시할 만큼 쉬운 목표부터 시작해야 한다.

2. 단순한 계획

실패한 계획은 대부분 너무 복잡하다. 30분 단위로 일정을 짜는 사람도 있는데 인간은 로봇이 아니다. 그런 걸 기계적으로 실천할 수 있는 사람은 거의 없다. 시간 단위로 짜는 계획은 그 복잡함 때문에 뭘 실천할지 챙기는 것 자체가 일이다. 변수가 너무 많아 못 지키

는 부분이 많고 그 압박감과 스트레스가 자연스럽게 중도 포기하게
한다. 계획은 어처구니없을 정도로 단순해야 한다.

3. 행동에만 집중

금연이라는 결과 자체를 목표로 세우지 말자. 그냥 담배를 한 개
비라도 줄이려는 행동 자체에만 집중해야 한다. 얼마만큼 하겠다고
정량적 목표를 정하기보단 그저 조금이라도 노력하겠다는 행동 자
체에 의미를 둬야 한다. 수치를 정하고 그걸 달성하는 건 월급 나오
는 회사에서나 가능한 일이다. 돈이 보상되지 않는 일상에서 쉽게
실천할 수 있는 목표가 아니다.

4. 지속적인 확인

컴퓨터나 스마트폰에 계획을 짜는 사람이 있는데 그건 없는 계
획이나 다름없다. 계획은 크게 적어 눈에 띄는 곳에 붙여 놓고 수시
로 봐야 한다. 눈에서 멀어지면 마음에서도 멀어진다. 이는 사람 사
이에서만 통하는 말이 아닌 모든 일이 다 그렇다. 무조건 눈에 띄고
가까이 있어야 삶과 밀접해지는 법이다. 계획도 마찬가지다.

예쁜 여자를 만나면 삼 년이 행복하고, 착한 여자를 만나면 삼십 년이 행복하고, 지혜로운 여자를 만나면 삼대가 행복하다.

잘생긴 남자를 만나면 결혼식 세 시간의 행복이 보장되고, 돈 많은 남자를 만나면 통장 세 개의 행복이 보장되고, 가슴이 따뜻한 남자를 만나면 평생의 행복이 보장된다.

그럼에도 불구하고 대부분 남자들은 예쁜 여자를, 대부분 여자들은 잘생긴 남자를 좋아한다. 아는 것과 실천하는 것이 다름을 보여주는 또 하나의 단편적 모습이다.

우물 안 개구리는
바다를 이야기할 수 없다

井蛙不可以於海(정와불가이어해)
우물 안 개구리에게는 바다를 말해줄 수 없다.

내가 보는 세상이 가장 크고, 내가 알고 있는 지식이 가장 위대하고, 내가 뛰고 있는 시간이 가장 빠르다고 생각하는 사람이 있다. 일명 장자가 말하는 정저지와(井底之蛙)다. 자신이 우물 속에서 보는 하늘이 전부라고 생각하는 사람에게는 진짜 하늘을 설명할 수가 없다.

어느 날 황하의 신 '하백'이 자신이 다스리는 황하가 가을 물이 불어나서 끝없이 펼쳐진 것을 보고 무척 흡족해했다. 그런데 하백이 바다를 만나보고는 경악하며 자신이 이 세상에서 가장 크다고 했던 생각이 무너진다. 바다를 지키는 신 '약'이 하백에게 3가지 충고를 해준다.

우물 속에 있는 개구리에게는 바다에 대해 설명할 수가 없다. 그 개구리는 자신이 살고 있는 우물이라는 공간에 갇혀 있기 때문이다. 한여름만 살다가는 메뚜기에게는 찬 얼음에 대해 설명해줄 수가 없다. 메뚜기는 자신이 사는 여름이라는 시간만 고집하기 때문이다. 편협한 지식인에게는 진정한 도의 세계를 설명해 줄 수 없다. 그 사람은 자신이 알고 있는 가르침에 묶여있기 때문이다.

할 수 없다고 학습된 것은 아닌지 생각해보라

아마존강의 잉어 '코이'는 강 속에서 수 미터까지 장대하게 자라지만, 어항 속에 두면 어항 크기에 맞춰 더 이상 자라지 않는다. 식물 분재도 같은 이치다. 뿌리 뻗을 공간이 작으면 가지와 입의 크기가 눈에 띄게 작아진다. 손바닥만 한 화분에서 수백 년 된 소나무나 향나무, 과실수가 밑동과 실뿌리만 가지고 살아간다. 사람이 보기엔 예쁘지만, 주어진 환경에 적응하며 작게만 살아가야 하는 나무 자신에게는 엄청난 스트레스다. 화분을 큰 것으로 갈아주지 않으면 작년과 같은 크기의 잎이나 열매만 맺을 것이다.

이솝 우화에 날지 못하는 매가 있다. 사냥꾼에게 잡혀 오랫동안 묶여있던 매는 수천 번 수만 번 날아보려 하지만 밧줄 길이 이상 날지를 못한다. 세월이 흘러 마침내 줄이 낡아 끊어졌는데도 이 매는 더 이상 하늘 높이 날려고 하지 않는다.

이처럼 자신이 외부 환경을 통제하지 못하면 학습된 무기력에 빠진다. 본인도 모르는 사이 날지 못하는 매가 돼가는 것은 아닌지 한 번쯤 되짚어볼 필요도 있다.

'남이 한 우물을 파면 우물 안 개구리이기 때문이고, 내가 한 우물을 파면 전문가이기 때문이다' 심리학 기본에서 입장 차이를 설명할 때 쓰는 표현이다. 누구나 처한 상황이나 업무 특성 때문에 옆은 보지 않고 어쩔 수 없이 깊은 우물을 파야만 할 때가 있다. 하지만 이제는 그 우물을 얼마나 깊게 그리고 넓게 팔 것인지도 스스로 정하고, 깊이 있게 파되 언제든지 바다로 뛰어나갈 수 있는 통로도 함께 뚫어둬야 한다. 새로운 환경이 새로운 기회를 낳기 때문이다. 생각이 열려있어야 기회가 보인다. 크고 넓은 생각이 큰 기회를 잡는다.

성공의 원칙은 하나다

꿈을 이루는 사람과 그렇지 못한 사람의 차이는 무엇일까? 답은 딱 하나, '실천'이다. 실천하지 않은 머릿속 생각은 아무런 결과를 가져오지 않는다. 단순히 어떤 것을 아는 것과 그것을 실천하는 것은 전혀 다른 문제다. 오늘날 우리는 인터넷의 발달로 지식은 언제 어디서든지 너무나 쉽게 얻을 수 있다. 전문적인 지식뿐 아니라 수많은 단편적인 지식을 책, 인터넷, 강연을 통해 얼마든지 우리 머리에 쌓아갈 수 있다. 그런데 정작 아무리 배워도 실천하지 않는 지식은 무용지물이다. 배운 것을 행동으로 실천해야만 그것이 경험이 되고, 경험이 비로소 지혜가 된다.

흔히 '백문이불여일견(百聞而不如一見)'이란 말을 많이 사용한다. 백 번 듣는 것이 한 번 보는 것보다 못하다는 뜻으로 직접 경험해야 확실히 알 수 있다는 말이다. 그런데 중국에서는 '백지이불여일행(百知而不如一行)'이란 말을 훨씬 더 많이 쓴다고 한다. 즉, 백 가지 아는 것은 한 가지 실행하느니만 못하단 뜻이다. 전적으로 맞는 말이다. 실천하지 않는 지식은 빈껍데기다. 우리를 원하는 곳으로 데려다주는 것은 지식이 아니라 실천이다. 실천이 결과를 만드는 것으로, 실천하는 사람이 항상 힘을 갖기 마련이다. 이런 의미에서 '아는 것이 힘이다'란 말은 '아는 것을 행동으로 실천했을 때만 힘이 된다'고 고쳐 말해야 할 것이다.

고생은 싫고 열매만 먹고 싶다(?)

남이 이룬 것은 대단하고 높아 보여 그 경지에 이르기를 미리 포기하는 사람이 있다. 하지만 처음부터 경지에 오른 사람은 없다. 시간의 힘이 자연스레 지식과 지혜, 노하우를 축적해줬다. 천릿길도

한 걸음부터다. 그동안 등산을 하면서 깨달은 것 중의 하나가 '걷는 자만이 앞으로 나아간다'라는 것이다. 하지만 현실은 한 걸음도 내딛지 않으면서 천 리를 가려고 하는 사람이 적지 않다.

나는 평소에 매입한 부동산, 공사 진행 상황 등을 '방실부연(방패장군실전투자부동산연구소)'밴드에 올리곤 한다. 회원들도 얼마든지 이렇게 할 수 있으니 직접 해보라는 의욕을 고취하기 위해서다. 하지만 일부 회원들은 하소연한다.

"장군님이 매입한 가격처럼 도저히 살 수가 없어요."

"공사가 부담스러워요. 장군님이 직접 해주시면 안 돼요?"

이렇듯 보통 나처럼 싸게 살 수 없다는 하소연과 공사를 해본 적 없어 부담스럽다는 반응이 대부분이다. 하지만 거래계약이란 게 매도자 매수자의 의견 합치로 성사되는 일이지 매수자가 일방적으로 깎는다고 깎아지는 일이 아니다. 매도자가 그 가격에 안 판다고 하면 그만이기 때문이다. 그럼 나는 어떻게 싼 가격에 살 수 있을까? 열심히 발품 팔아 급한 사연 있는 물건을 찾아내거나 중개사무소 문턱이 닳도록 드나든 노력이 깃들었기에 가능했다. 이런 노력 없이 '왜 나한테는 싼 물건이 안 나오지?'라고 여긴다면 부산에 가야 하는 서울사람이 기차역에는 가지 않고 망원경으로 부산만 쳐다보고 있는 꼴이나 똑같다.

공사도 마찬가지다. 대부분 처음 공사를 해보는 경우가 많아 부담스럽다는 점을 나도 잘 알고 있다. 그래도 반드시 직접 해보라고 권한다. 그래야 높은 수익률을 맞출 수 있으며 매도 시에도 양도차익을 두둑이 챙길 수 있다. 내가 직접 공사를 해주는 경우는 없지만 얼마든지 자문 도움을 줄 수는 있다. 직접 공사하기 어려워 하다못해 공사업체와 계약한다 해도 계약서에 도장 찍기 전에 나에게 자문을 구한다면 그 가격이 과다한지 적당한지 판단해줄 수 있다는 말이다. 가격이 과다하면 업체와 적당히 타협해 가격을 인하할 수도 있단 뜻이다. 그럼에도 불구하고 이미 업체와 계약을 끝낸 상태에서 나에게 자문을 구하는 경우가 가끔 있다. 이미 다 끝났는데 나보고 어쩌란 말인가?

쉬운 방법으로 돈을 버는 것은 누구나 할 수 있다. 시세에 사서 업체와 계약하고 공사를 진행한 후 임대를 놓고 일정 시점이 지나면 매도를 한다? 과연 원하는 수익률이 맞춰질 수 있을까? 연 20%가 넘는 수익률, 1억 원이 남는 양도차익 등을 보고 나처럼 해보고 싶어 물건을 사는 것 아닌가? 그렇다면 내가 어떻게 수익을 낼 수 있었는지 따라 하면 될 일인데 고생은 싫고 달콤한 열매만 먹고 싶단 사람에게 더 이상 해줄 말이 없다. 이 고생이 없으면 달콤한 열매도 없기 때문이다.

방패장군의 실패하지 않는 부동산

부동산 경기에 따라 투자 방향이 다르다. 지금 시기는 월세수익이 높은 곳에 투자하는 게 맞다. 물론 원할 때 빠른 환금이 가능한 물건으로 말이다. 원룸 외에도 전남 광양에 보유하고 있는 30채 아파트는 연 24%의 월세 수익률이 나온다. 앞으로 더욱 가격이 상승할 호재가 많아 계속 보유할 생각이다. 남들보다 뉴스를 많이 보다 보니 항상 개인보다 빠름을 느낀다.

땅은 가급적 3,000만 원이 넘지 않는 땅을 주로 산다. 그래야 팔 때 1억 원 정도로 팔 수 있기 때문이다. 1억 원은 누구나 쉽게 투자할 수 있는 금액으로 사는 사람도 부담이 없다. 그 이상 가격은 사는 사람이 부담스러워 매수자가 한정적일 수밖에 없다.

현장경험이 많다 보니 여기저기서 강의요청이 많이 온다. 그래서 시간 여유가 될 때 강의를 통해 실전경험을 전한다. 현장에 신경 써야 할 일이 많다 보니 강의를 자주 할 수는 없고 그야말로 여유시간이 될 때 강의하는 편이다. 내 강의 주제는 '방패장군의 실패하지 않는 부동산'이다. 나는 '고위험 고수익'은 별로 좋아하지 않는다. 순수하게 '저위험 고수익'을 추구하는 투자자다. 이런 내 말은 들은 사람들의 반응은 대부분 이렇다.

"저위험 고수익을 좋아하지 않는 사람이 어딨어요? 다들 그걸 추구하지만 저위험은 저수익이니 고위험 고수익을 찾기도 하는 거지요."

　사람들은 흔히 저위험은 사람들이 많이 몰려 수익이 별 볼 일 없다고 한다. 과연 그럴까? 안전하면서 수익도 높은 물건을 아직 못 찾아서 그런 말을 하는 건 아닐까?

　위험을 막는 투자를 추구한다는 뜻에서 내 닉네임이 '방패장군'이다. 방패는 전쟁 때 적의 칼, 창, 화살 따위를 막는 데 쓰는 무기다. 위험이 오면 방패로 막을 준비를 한다. 물론 어느 곳에서 화살이 날아오는지 살펴 제대로 막아야 함은 두말할 나위 없다.

　초보 투자자들은 맨 몸으로 전쟁터에 나서는 경우가 많다. 돈 벌었다는 옆집 아줌마 말에 솔깃해 막연한 환상을 품고 소중한 돈을 투자한다. 옆집 아줌마가 책임지는 것도 아닌데 말이다. '잘되면 내 탓, 잘못되면 네 탓'이란 말이 있듯 잘못되면 탓으로 돌리기 바쁘다. 왜 실패할 수밖에 없었는지, 실패에서 무엇을 배웠는지도 모른 채 그저 운이 없었다는 말을 되뇔 뿐이다.

　20년 투자 기간 동안 나라고 실패한 적이 없었을까? 그렇지 않다. 투자 초기 10년 동안 나 또한 수없이 많은 시행착오를 겪었다. 그런 일련의 과정을 거치며 경험과 지식이 실력으로 쌓여 월드컵이 있던 2002년 이후부터 지금까지 단 한 번도 잃지 않는 투자를 하고 있다.

1m만 더 파보자

많은 이들이 성공하지 못하는 까닭은 마지막 한 걸음을 옮기지 않은 탓이다. 그 한 발자국만 나아가면 되는데 그 마지막 한 걸음이 힘들어서 그만두는 것이다. 물은 100℃에서 끓는데 많은 사람들이 99℃에서 멈춰 선다. 이미 99℃까지 올라왔는데, 그 마지막 1도만 올리면 되는데…. 임계점을 넘기지 못하고 주저앉는 것이다.

어떤 사람이 다이아몬드를 캐기 위해 땅을 파고 들어갔다. 하지만 아무리 파도 나오지 않자 포기하고 다른 사람에게 장비를 넘겼다. 하지만 장비를 받은 사람이 1m를 더 파자 다이아몬드 광맥이 보였다. 땅 파기를 포기한 사람은 억울해서 땅을 쳤다. 우리가 겪고 있는 일도 마찬가지다. 조금만 더 하면 되는데 그 조금을 더 하지 못한다. 어떤 일을 그만두고 싶다고 생각될 때는 딱 1m만 더 파본다는 심정으로 조금만 더 참아보자. 빛나는 다이아몬드 광맥을 발견할 것이다.

내가 처음 투자할 때만 해도 투자 공부할 만한 곳이 없었다. 오로지 나 혼자 힘으로 잃어도 보고 수익을 내기도 하면서 이렇게 걸어왔다. 지금은 기회가 많은 시대다. 책과 카페, 강의를 통해 다양한 투자 경험을 가진 투자자를 직접 만나고 공부할 수 있으니 말이다. 나처럼 2,000만 원이 넘는 월세 수입, 수십억 원에 이르는 부동산 자산을 여러분도 이룰 수 있다. 내가 직접 겪은 다양한 경험이 독자들의 나침반이 돼 부동산에서 잃지 않는 게임, 승승장구할 수 있는 투자를 하길 기원한다.

에필로그

부자가 되는 간단한 방법이 있다.

지출은 줄이고 수입은 늘리면 된다.

어떤 면에서는 수입을 늘리는 것보다

지출을 통제하는 것이 더 중요하다.

지출통제는 테크닉이 아니라 습관이다.

습관이란 반복으로부터 시작이 된다.

반복은 적지 않은 고통과 인내가 있어야 하는 일이다.

매일 담배 피우고 술 마시던 사람이 갑자기

"내일부터 담배 끊을 거야", "술 끊을 거야"라고 다짐해도
끝까지 지켜낸 사람은 많지 않다.
습관이 돼 있지 않기 때문이다.
지출통제도 마찬가지다.
단순히 마음먹은 것으로는 결국 실패하게 된다.
평소에 충분한 연습으로 습관화를 해야지만
끝까지 성공할 수 있다.
그러기 위해서는 계획적인 지출을 해야 한다.

아낄 때와 쓸 때를 구분할 줄 알아야

돈을 펑펑 쓰는 것은 바람직하지 않지만 아끼기만 하는 것도 좋은 모습이 아니다.

나는 내게 쓰는 비용은 아낀다. 남들이 한정식 먹으러 갈 때 난 한식 먹으러 가고 남들이 소고기 먹을 때 난 삼겹살을 먹는다. 하지만 투자에 관한 비용은 과감히 지출한다. 원하는 부동산을 얻기 위해 비싼 선물을 사기도 하고 중개수수료를 과감히 쓰기도 한다. 공사비를 아끼기 위해 직접 공사를 진두지휘하지만, 인건비와 자재비에 들어가는 비용은 아끼지 않는다. 인건비를 깎는 일도 없다. 하루는 작업자가 인건비 25만 원을 20만 원만으로 깎아준다는 말을 한 적이 있다. 그래도 나는 25만 원을 드렸다. 이분이 하시는 말씀이 나

같은 사람은 처음이란다. 이분이 일을 열심히 해줬음은 눈감고도 짐작할 수 있다.

나는 인부들에게 제일 비싼 점심을 대접하고 하루에 새참도 4~5번 드린다. 집에서부터 샌드위치며 각종 간식거리를 바리바리 준비해 가는 일도 다반사다. 이 또한 사업에 들어가는 투자비용이기 때문이다. 이분들이 대접받는다고 느끼면 본인 집처럼 더 열심히 일해주며 점심 후에도 쉬지 않고 바로 작업에 들어간다. 쉬엄쉬엄하라고 말씀드려도 잘 끝내려면 쉴 틈이 없다고 한다. 이렇듯 내가 먼저 베풀면 마음이 통하게 돼 더 큰 이득으로 돌아온다. 이처럼 지출의 의미가 남다른 사용처에는 과감히 쓰는 자세가 필요하다.

한 걸음 한 걸음 목적지로 가보자

삶은 현재가 가장 중요하다. 영어로 'present'는 현재라는 뜻이자 선물이라는 뜻도 가지고 있다. 현재에 충실하고 최대한 행복하게 살아야 한다. 무작정 아끼자고 조이면 현재 삶이 즐겁지 않다. 노후를 대비하는 자세는 좋지만 노후만 대비하는 자세는 옳지 않다. 또한, 지출계획을 세웠다 하더라도 처음 계획을 한 번에 완벽히 달성하기는 어렵다. 첨단기계로 설계된 비행기조차 목적지로 날아갈 때 비행 시간의 90% 이상을 예정된 항로에서 이탈하게 된다고 한다. 중요한 것은 목적지를 잃지 않는 것이다. 그러니 처음 계획대로 잘 안 됐다고 쉽게 포기하지 말고 훌훌 털어버리시고 다시 시작해보자. 한 걸음 한 걸음 걷다 보면 분명 어느 순간 목적지에 닿아 있을 것이다.

방패장군의 실패하지 않는
부동산 실전 투자 X-파일

제1판 1쇄 인쇄 | 2018년 2월 5일
제1판 1쇄 발행 | 2018년 2월 12일

지은이 | 박삼수
펴낸이 | 한경준
펴낸곳 | 한국경제신문*i*
기획제작 | (주)두드림미디어

주소 | 서울특별시 중구 청파로 463
기획출판팀 | 02-3604-565
영업마케팅팀 | 02-3604-595, 583 FAX | 02-3604-599
E-mail | dodreamedia@naver.com
등록 | 제 2-315(1967. 5. 15)

ISBN 978-89-475-4301-9 03320